초강대국의
입지가 흔들리다
냉전, 한국 전쟁, 베트남 전쟁

미국 ⑮

세계통찰

★ 전쟁으로 일어선 미국 3 ★

초강대국의
입지가 흔들리다

냉전, 한국 전쟁, 베트남 전쟁

한솔교육연구모임 지음

솔과나무

1장　전쟁 없이도 전쟁과 같은 상황이 펼쳐지다
냉전의 시대
　　　　　　　　　　　　　　　　　　　　　　　　　　　• 019

미국 중심의 자유 진영과 소련 중심의 공산 진영의 대립_냉전의 시작 | 소련의 베를린 봉쇄 조치_동서로 분단된 독일 | "모든 C-54 수송기는 베를린으로 오라!"_사상 최대의 물자 공급, 서베를린 공수 작전 | "모든 책임은 내가 진다!"_난세의 영웅, 해리 트루먼 | 자유 민주주의를 지키기 위한 미국의 새로운 정책 '트루먼 독트린' | 소련의 팽창 정책을 저지하기 위한 경제 원조 계획 마셜 플랜과 안전 보장 기구 나토의 설립 | 소련에 의해 꺾인 체코의 민주 자유화 운동, 프라하의 봄 | 미국과 소련의 스파이 전쟁 | 추락한 전략 정찰기 U-2 '드래곤레이디' 꼬리가 밟힌 최고의 스파이 | 완벽한 협상이 만들어 낸 사상 초유의 스파이 맞교환 작전 | 우주로 번진 미·소 냉전 | 실수와 삿대질로 시작된 우수리강 무력 국경 분쟁 | 미국과 중국의 외교 단절 22년 만에 얻은 탁구가 가져온 평화 | 다시 시작된 미국과 소련의 냉전 | 총성 없는 전쟁터, 올림픽 | 스포츠 정신이 발휘된 빙판 위의 기적 | 소련의 대륙 간 탄도 미사일을 대기권 밖에서 격추시켜라! 미국의 스타워즈 계획 | 최초이자 마지막인 소련의 대통령, 미하일 고르바초프 | 거대한 소비에트 연방을 무너뜨린 고르바초프의 개혁 개방 정책, 페레스트로이카 | 소련의 붕괴와 함께한 지도자 | 취약한 경제력으로 실패한 사회주의

왜 미국을
읽어야 할까요?

〈세계통찰〉 시리즈는 다양한 독자에게 세계를 통찰하는 지식과 교양을 전해 주고자 합니다. 미국을 시작으로 중국, 일본, 중남미, 유럽, 아시아, 아프리카 등 오대양 육대주의 주요 국가들에 관한 정치, 경제, 역사, 문화 등 다양한 정보를 제공하여 세상이 움직이는 원리를 독자 스스로 알게끔 하고자 합니다.

지구상에 있는 국가들은 별개가 아니라 서로 연결된 유기체입니다. 여러 나라 가운데 〈세계통찰〉 시리즈에서 미국 편 전 16권을 먼저 출간하는 이유는 유기적인 세계에서 미국이 지닌 특별한 지위 때문입니다. 19세기까지 세계를 호령하던 대영제국의 패권을 이어받은 미국은 20세기 이후 오늘날까지 세계 유일의 초강대국으로 세계를 이끌고 있습니다. 또한 세계 최강의 경제력을 기반으로 자유 시장을 중시하는 자본주의 이념을 전 세계에 전파했습니다. 우리나라를 포함하여 많은 나라가 세계 최대 시장인 미국과 한 무역을 통해 가난을 딛고 경제 성장을 이룰 수 있었습니다. 애플이나 구글 같은 미국 기업이 새로운 산업을 일으키면서 미국은 물론, 전 세계에 수많은 일자리와 자본력을 제공했습니다.

이처럼 전 세계에 커다란 영향을 미치고 있는 미국이라는 나라를 알기 위해 '미국의 대통령'을 시작으로 한 '미국을 만든 사람들' 편을 소개합니다. 대통령제를 기반으로 한 미국식 민주주의는 전 세계로 전파되면서 수많은 국가에 영향을 미치고 있습니다. 제2차 세계대전 이후 독립한 국가 대부분이 대통령제를 선택하면서 대통령제는 미국을 넘어 많은 국가의 정치 체제로 자리 잡았습니다. 도전 정신과 혁신을 바탕으로 미국 경제를 세계 최강으로 만든 '기업인들' 역시 우리에게 많은 교훈을 줍니다. 세계인의 감성과 지성을 자극하고 있는 '예술인과 지식인'도 이야기의 대상입니다. '사회 문화' 편에서는 미국의 문화를 통해 미국만이 가진 특성을 살펴봅니다. 창의와 자유를 존중하는 사회 분위기는 할리우드 영화, 청바지, 콜라 등 미국만의 문화를 탄생시켰고 이는 전 세계로 확산되어 지구촌의 문화로 자리 잡았습니다. 이제 미국의 문화는 미국인만 누리는 것이 아니라 세계인이 공유하는 것이 되었습니다. '산업' 편에서는 정보 통신, 우주 항공, 에너지, 유통 등 미국의 주력 산업을 통해 오늘날 미국이 세계 경제를 주무르고 있는 비결과 미래에도 미국이 변함없이 강력한 영향력을 행사할 수 있는 이유에 대해 알아봅니다.

'전쟁' 편에서는 미국이 참전한 전쟁을 통해 전쟁이 미국은 물론 세계에 미친 영향에 대해 살펴봅니다. 미국은 전쟁으로 독립을 쟁취했을 뿐만 아니라 세계를 움직이는 새로운 질서를 만들어 냈습니다. 다시 말해 전쟁은 미국이 세계를 뜻대로 움직이는 도구였습니다.

이처럼 미국의 정치, 경제, 문화 등 각 분야는 20세기 이후 지구촌에 막대한 영향을 미치고 있기에 미국에 관한 지식이 없으면 세계를 제대로 이해할 수 없습니다. 미국을 제대로 알게 된다면 세상이 돌아가는 힘의 원리를 더 잘 알 수 있습니다. 〈세계통찰〉 시리즈 미국 편은 '미국을 만든 사람들' 전 6권, '세계의 중심이 된 미국(문화와 산업)' 전 6권, '전쟁으로 일어선 미국' 전 4권으로 이루어져 있습니다. 이렇게 총 16권의 인물, 사회·문화, 산업, 전쟁 등 주요 분야를 다루면서 단편적인 지식의 나열이 아니라 미국의 진면목, 나아가 세계의 흐름을 알 수 있도록 했습니다. 적지 않은 분량이지만 정치, 경제, 문화사에 남을 인물과 역사에 기록될 사건을 중심으로 다양한 예화와 사례를 들어 가면서 쉽고 재미있게 썼습니다. 처음부터 끝까지 차분히 읽다 보면 누구나 미국과 세계의 과거와 현재, 미래를 명확하게 들여다볼 수 있는 통찰력을 지닐 수 있습니다.

세계를 한눈에 꿰뚫어 보는 〈세계통찰〉 시리즈! 길고도 흥미진진한 이 여행에서 처음 만나게 될 나라는 미국입니다. 두근거리는 마음으로 함께 출발해 봅시다!

한솔 (한솔교육연구모임 대표)

세상의 변화를 읽고
앞을 내다보는 힘

　미래학자 엘빈 토플러는 "한국 학생들은 하루 10시간 이상을 학교와 학원에서 자신들이 살아갈 미래에 필요하지 않을 지식을 배우고, 존재하지 않을 직업을 위해 아까운 시간을 허비하고 있다."라고 했습니다. 그렇다면 우리는 무엇을 배우고 생각해야 할까요? 수년 안에 지구촌은 큰 위기를 맞이할 가능성이 큽니다. 위기는 역사적으로 늘 존재했지만, 앞으로 닥칠 상황은 미국과 중국의 패권 전쟁의 상황에서 과거와는 차원이 다른 큰 변화가 일어날 것입니다. 2020년 기준 중국은 미국의 70% 수준의 경제력을 보입니다. 구매력 기준 GDP는 중국이 이미 2014년 1위에 올라섰습니다. 세계 최강의 지위를 위협받은 미국은 트럼프 집권 이후 중국에 무역 전쟁이란 이름으로 공격을 시작했습니다. 미국과 중국의 무역 전쟁은 단순히 무역 문제로만은 볼 수 없는 정치, 사회, 경제, 문화가 얽혀 있는 총체적 전쟁입니다. 미국과 중국의 앞날을 예측하기 위해서는 경제 분야 외에 정치, 사회, 문화 등을 통합적으로 볼 수 있어야 합니다. 역사는 리듬에 따라 움직입니다. 현재와 비슷한 문제가 과거에 어떤 식으로 일어났는지를 알면 미래를 읽는 통찰력이 생깁니다. 지나온 역사를 통해 세상의 변화를 읽고 앞을 내다보는 힘을 길러야 합니다. 역사를 통해서 남이 보지 못하는 곳을 보고, 다른 사람과 다르게 생각하는 힘을 길러야 합니다.

〈세계통찰〉은 이러한 필요에 따라 세계 주요 국가의 역사, 경제, 사회, 문화 등 다양한 주제를 통해 세계를 이해하는 안목을 심어 주고자 쓰인 책입니다. 솔과나무 출판사는 오대양 육대주에 걸쳐 있는 중요한 나라를 대부분 다루자는 계획 아래 먼저 미국과 중국에 대한 책을 출간합니다. 이는 오늘날 미국과 중국이 정치, 경제, 문화 등 모든 분야를 선도하며 전 세계에 막대한 영향을 미치고 있는 초강대국이기 때문입니다. 〈세계통찰〉 시리즈는 미국과 중국 세계 양 강 대결의 상황에서 미·중 전쟁의 미래를 예측할 수 있는 훌륭한 나침반이 될 수 있습니다.

특히 미국은 정치, 경제, 문화 등 어느 분야로 보아도 세계인의 관심을 가장 많이 받는 나라입니다. 〈세계통찰〉 시리즈 '미국'은 정치, 경제, 사회, 문화 모든 분야에 걸쳐서 시간과 공간을 넘나들며 현재의 미국을 이해할 수 있게 만든 획기적인 시리즈입니다. 인물, 산업, 문화, 전쟁 등의 키워드로 살펴보면서 미국의 역사와 문화, 각국과의 상호 관계를 파악할 수 있는 지식과 읽을거리를 제공합니다. 인물과 사건을 중심으로 이야기를 이어가고 그 과정에서 우리가 오늘날 세상을 살아갈 때 활용할 수 있는 지혜를 담고 있습니다. 단순히 사실 나열에 그치지 않고, 왜 그렇게 되었는지, 그 뒤에는 어떻게 되었는지, 과정과 흐름 속에서 숨은 의미를 찾아냄으로써 유연하고 창의적인 생각을 할 수 있도록 자극합니다. 무엇보다 〈세계통찰〉 시리즈에는 많은 이들의 실패와 성공의 경험이 담겨 있습니다. 앞서 걸은 이들의 발자취를 통해서만 우리는 세상을 보는 통찰력을 키울 수 있다는 사실을 기억했으면 합니다. 미국을 자세히 들여다보면 지구촌 사람들의 모습을 다 알 수 있다고도 합니다. 세계를 이끌어가는 미국을 이해한다는 것은 단순히 한 나라를 아는 것이 아니라 세계를 이해하는 것이기 때문에 〈세계통찰〉 시리즈 미국 편을 통해 모두가 미국에 대해 입체적이고 통합적으로 살펴볼 수 있는 기회를 얻기 바랍니다.

곽석희(청운대학교 융합경영학부 교수)

〈세계통찰〉 시리즈에
부쳐

4차 산업 혁명 시대를 맞이하는 청소년에게 꼭 필요한 지혜

4차 산업 혁명 시대에는 나라 사이의 언어적, 지리적 장벽이 허물어집니다. 견고한 벽이 무너지는 대신 개인과 개인을 잇는 촘촘한 연결망이 더욱 진화합니다. 이제 우리는 다양한 문화 배경을 지닌 친구와 이전과는 완전히 다른 방법으로 우정을 나눌 수 있습니다. 낯선 언어는 더는 장애가 되지 않습니다. 스마트폰의 번역 프로그램을 이용하면 내가 한 말을 실시간으로 전달할 수 있고 상대방의 말뜻을 이해할 수도 있습니다. 또 초고속 무선 통신망을 이용해 교류하는 동안 지식이 풍부해져서 앞으로 내가 나아갈 길을 설계하는 데 큰 도움이 됩니다.

저는 오랫동안 현장에서 청소년을 만나며 교육의 방향성을 고민해 왔습니다. 초 단위로 변하는 세상을 바라보면 속도에 대한 가르침을 줘야 할 것 같고, 구글 등 인터넷상에 넘쳐 나는 정보를 보면 그것에 대한 양적인 교육이 필요할 것 같았습니다. 긴 고민 끝에 저는 시대가 변해도 퇴색하지 않는 보편적 가치와 철학을 청소년에게 심어 줘야겠다는 결론을 내렸습니다.

4차 산업 혁명 시대에는 인공 지능과 인간이 공존합니다. 최첨단 과학이 일상이 되는 세상에서 75억 지구인이 조화롭게 살아가려면 인간 중심의 교육이 필요합니다. 인문학적 지식과 소양을 통해 인간을 더욱 이해하고 이롭게 만드는 시각을 갖춰야 합니다. 〈세계통찰〉 시리즈는 미래를 이끌어 나갈 청소년을 위한 지식뿐 아니라 그 지식을 응용하여 삶에 적용하는 지혜까지 제공하는 지식 정보 교양서입니다.

청소년이 이 책을 반드시 접해야 하는 이유

첫째, 사고의 틀을 확대해 주는 책입니다.

〈세계통찰〉 시리즈는 정치, 경제, 사회, 문화, 무역, 외교, 전쟁, 인물에 이르기까지 하나의 국가가 국가로서 존재하고 영유하는 모든 것을 다루고 있습니다. 한 국가를 이야기할 때 경제나 사회의 영역을 충분히 이해했다 해도 '이 나라는 이런 나라다.' 하고 한마디로 정의하기는 어렵습니다. 인물이나 역사적 사건과 같은 눈에 보이는 사실과 이념, 사고, 철학과 같은 눈에 보이지 않는 특성까지 좀 더 유기적이고 종합적인 사고를 해야 한 나라를 이해하고 정의할 수 있습니다. 이 책을 통해 합리적이고 논리적으로 사고하는 습관을 자연스럽게

기를 수 있습니다.

둘째, 글로벌 리더를 위한 최적의 교양서입니다.

4차 산업 혁명 시대라 하더라도 모든 나라가 해체되는 것은 아닙니다. 세계화 속도가 점점 가속화되는 글로벌 시대에 꼭 필요한 소양은 역설적이게도 각 나라에 대한 수준 높은 정보입니다. 일반적으로 알려진 상식의 폭을 확대할 수 있어야 합니다. 미국과 중국의 무역 분쟁이나 우리나라와 일본의 갈등에서도 볼 수 있듯 세계 곳곳에는 국가 사이의 특수한 사정과 역사로 인해 각종 사건과 사고가 터져 나오고 있습니다. 한 국가의 성장과 번영은 자국의 힘과 노력만으로는 가능하지 않습니다. 가깝고 먼 나라와의 유기적인 관계 속에서 평화를 지키고 때로는 힘을 겨루면서 이루어집니다. 한편 G1, G2라 불리는 경제 대국, 유럽 연합EU이나 아세안ASEAN 같은 정부 단위 협력 기구 사이에 일어나는 상호 이해관계도 중요해지고 있습니다. 〈세계통찰〉 시리즈는 미국, 중국, 일본, 아세안, 유럽 연합, 중남미 등 지구촌 모든 대륙과 주요 국가를 공부하는 데 반드시 필요한 영역을 씨실과 날실로 엮어서 구성하고 있습니다.

마지막으로 〈세계통찰〉 시리즈는 글쓰기, 토론, 자기 주도 학습, 공동 학습에 최적화된 가이드 북입니다.

저는 30년 이상 교육 현장에 있으면서 토론, 그중에서도 대립 토론debating 수업을 강조해 왔습니다. 학생 스스로 자료를 찾고 분류하며 자신만의 생각을 정리하고 발표하는 방식입니다. 이때 다른 사람의 생각을 경청하고 공감하는 학생일수록 주도적이고도 창의적인 인재로 성장하는 것을 보았습니다. 〈세계통찰〉 시리즈가 보여 주는 형식과 내용은 학생과 교사 모두에게 긍정적인 영향을 줄 것이라고 확신합니다.

가까운 미래에 글로벌 리더로서 우뚝 설 우리 청소년에게 힘찬 응원의 메시지를 보냅니다.

박보영(교육학 박사, 박보영 토론학교 교장, 한국대립토론협회 부회장)

전쟁 없이도 전쟁과 같은 상황이 펼쳐지다

냉전의 시대

미국 중심의 자유 진영과 소련 중심의 공산 진영의 대립_냉전의 시작

제2차 세계대전 기간에 미국_{미합중국}과 소련_{소비에트 사회주의 공화국 연방}은 나치 독일이라는 공공의 적을 두고 힘을 합쳐 싸웠습니다. 하지만 양국은 함께하기에는 너무나 다른 체제를 가지고 있었습니다. 역사적으로 미국은 독재를 경험하지 못한 자유 민주주의 국가였고, 소련은 민주주의를 실제로 실현하거나 겪어 보지 못한 나라였습니다.

광대한 소련 영토

소련의 독재자 이오시프 스탈린

1917년 사회주의 혁명을 성공시키며 공산 국가가 들어서기 이전까지 소련 국민은 차르Tsar라는 황제의 독재 체제 아래서 신음했습니다. 소련에 공산 국가가 등장했지만 국민의 삶은 나아지지 않았습니다. 차르 대신 공산당 서기장이 권력을 틀어쥐고 황제 못지않은 절대 권력을 행사하며 국민을 억압했습니다. 공산당을 창시한 국가 지도자 블라디미르 레닌Vladimir Lenin*의 뒤를 이어 권력을 차지한 이오시프 스탈린Iosif Stalin**은 세계 역사상 최악의 독재자로 불릴 만큼 공포 정치***를 실시했습니다.

스탈린은 소련을 다스리는 일에 만족하지 못하고 전 세계를 공산화하려는 목표를 세우고 자유 진영을 대표하던 미국을 상대로 냉전Cold War을 일으켰습니다. 냉전은 미국과 소련 간의 전면전을 제외한 모든 방식의 치열한 체제 경쟁을 의미합니다.

---

* 소련의 혁명가이자 정치가(1870~1924). 마르크스주의 이론의 혁명적 실천자로서 소련 공산당을 창시했고, 러시아 혁명을 지도하고, 1917년에 프롤레타리아 독재하의 소비에트 사회주의 공화국 연방을 건설했다.
** 소련의 정치가(1879~1953). 10월 혁명 때 레닌을 도왔으며, 레닌이 죽은 뒤 권력 투쟁에서 승리했다. 독재적인 방법으로 사회주의 건설을 지도하고 헌법을 제정했으며 1941년 공산당 서기장에 취임했다.
*** 반대파 세력을 탄압하여 사회에 극도의 공포 분위기를 조성하는 정치.

자본주의 진영과 사회주의 세력이 첨예하게 대립한 한국 전쟁

1945년 5월 나치 독일*이 패망한 이후 미국과 소련은 전 세계를 무대로 맹렬한 냉전을 펼쳤습니다. 두 진영은 자신들의 세력권을 형성하면서 전후 세계를 사실상 분할했습니다. 유럽은 사회주의 세력의 동유럽과 자본주의 진영의 서유럽으로 나뉘었습니다. 이후 동유럽과 서유럽, 두 세계가 정치·군사·경제면에서 첨예하게 대립하며 총성없는 '차가운 전쟁'이 계속되었습니다.

1950년 6월부터 3년 동안 한반도를 초토화한 한국 전쟁도 냉전의 연장선상에서 일어났습니다. 또한 1960년대를 뜨겁게 달구었던 베트남 전쟁 역시 냉전의 산물이었습니다. 미국과 소련이 치열한 냉전

---

* 국가 사회주의 독일 노동당(나치당)과 아돌프 히틀러 치하의 1933년부터 1945년까지의 독일.

냉전의 산물인 베트남 전쟁

을 지속하면서 이들 진영에 속한 국가들은 원하지 않더라도 냉전에 가담해야 하는 불합리한 상태에 직면하기도 했습니다.

1947년 미국 제33대 대통령 해리 트루먼Harry Truman은 소련을 감시하기 위해 미국 중앙 정보국CIA을 창설해 첩보전에 불을 댕겼습니다. 1954년 소련 역시 내무 인민 위원회NKVD라는 기존 정보 조직을 확대 개편해 국가 보안 위원회KGB를 발족하며 미국에 맞섰습니다. 이들 정보기관은 전 세계를 무대로 치열한 정보전을 벌이며, 때로는 서로를 살해하기도 했습니다. 이 같은 미국과 소련 간의 냉전은 모든 분야에서 펼쳐졌으며, 1991년 소련이 무너지고 나서야 비로소 끝을 맺었습니다.

소련의 베를린 봉쇄 조치_동서로 분단된 독일

1945년 5월 나치 독일이 무조건 항복을 선언하면서 승전국이 독일을 분할 통치하게 되었습니다. 독일의 동쪽은 소련이 점령하고 서쪽은 미국, 영국 등 자유 진영 국가가 나눠 점령했습니다.

소련이 통치하는 동쪽 지역에는 화폐를 제조하는 조폐창이 있었는데, 소련군은 조폐창을 점령한 뒤 독일 마르크Mark* 화폐를 마구잡이로 찍어 냈습니다.

소련 병사가 독일 전역을 돌아다니며 물 쓰듯 마르크를 쓰고 다니는 바람에 소련이 통치하던 동쪽 지역뿐 아니라, 연합군이 다스리는 서쪽 지역까지 돈이 넘쳐 났습니다. 이 때문에 돈의 가치가 폭락해 독일 전역에서 물가가 엄청나게 폭등하는 하이퍼인플레이션 hyperinflation**이 발생했습니다. 가방 가득히 마르크를 들고 가더라도 빵한 조각 살 수 없을 정도로 돈의 가치가 급격히 하락해서 독일 국민은 극도의 고통을 겪게 되었습니다.

미국은 소련에게 화폐를 함부로 찍어 내지 말라고 경고했지만, 스탈린은 아랑곳하지 않고 지속해서 화폐를 발행했습니다. 이에 독일을 분할 통치하던 미국, 영국, 프랑스는 기존의 관리 방식을 바꿔 1948년 6월 독일 서쪽 지역을 하나의 '서독'으로 통합했습니다. 이후 독일은 연합군의 서독과 소련군의 동독으로 나뉘게 되었습니다. 서

---

* 독일의 화폐 단위.
** 인플레이션(화폐 가치가 하락하여 물가 수준이 전반적으로 상승하는 현상)이 급격하게 발생하여 단기간에 물가가 엄청나게 치솟는 상황으로 초인플레이션이라고도 한다.

화폐 개혁을 위해 서독이
1948년부터 발행한
새 마르크

독은 곧바로 화폐 개혁을 단행해 새로운 마르크를 발행했습니다. 서
독에서는 더는 소련군이 마구 찍어 내던 이전의 마르크를 사용할 수
없었습니다.

　스탈린은 새 마르크의 발행을 포기하지 않으면 파국을 맞게 될 것
이라며 연합국을 협박했지만 별 효과가 없자, 곧바로 '베를린 봉쇄'*
라는 초강경 카드를 꺼내 들었습니다. 스탈린이 베를린 봉쇄 조치를

---

* 1948~1949년 소련이 제2차 세계대전 뒤 서방 국가들(미국, 영국, 프랑스)이 서베를린에 대해 가진 모든 권리를 포기하도
　록 하기 위해 취한 봉쇄.

연합국과 소련에 의해 분할된 베를린

취한 데는 나름대로 이유가 있었습니다. 그는 독일 공산화를 시작으로 서유럽 전체를 공산화하려는 거대한 야욕을 품고 있었던 것입니다.

베를린은 오랜 기간 독일 수도로서 중요한 역할을 했고, 더구나 소련이 점령한 지역에 위치하고 있어 연합군이 통치하는 서쪽 지역_{서베}를린을 언제든지 공격할 수 있었습니다. 베를린은 동쪽 지역의 한가운데 있는 섬과 같은 도시로, 절반은 연합군이 관리하고, 나머지 절반은 소련군이 관리하고 있었습니다. 즉 소련이 독일의 동쪽 전역과 동베를린을 관할하고 있었던 것입니다. 이런 환경을 이용한 소련은 서독에서 서베를린으로 연결되는 도로와 철도를 모두 봉쇄해 물자 공급을 차단했습니다. 이런 까닭에 서베를린에 살던 200여만 명이 갑작스럽게 굶어 죽게 되는 상황에 처했습니다.

그동안 스탈린은 연합국과 벌일 전쟁에 대비해 병력을 계속 증강하며 동독 지역에 소련군을 150만 명 배치해 군사적 우위를 유지하고 있었습니다. 이에 비해 서독의 연합군 수는 10만 명 남짓해 소련군을 대적할 수 없는 상태였습니다. 소련이 엄청난 규모의 대군을 동독 지역에 주둔시키고 나서 베를린 봉쇄를 선언하자, 연합군 내부에서는 서베를린을 포기하자는 의견이 나오기 시작했습니다.

영국과 프랑스는 물론 미국의 육군 원수 오마 브래들리Omar Bradley, 국무장관 조지 마셜George Marshall 등 미국 내 고위층 인사까지 서베를린 포기를 주장하고 나서는 상황이 되었습니다. 그사이 소련군은 서베를린 사람들에게 사회주의로 전향하면 무료로 음식과 연료를 나눠 줄 것이라며 회유 작업을 실시했습니다.

서베를린 사람 중 소련에 손을 벌리는 사람은 극소수에 지나지 않았을 만큼 서베를린에서는 소련군에 대한 반감이 심했습니다. 그동안 소련군이 베를린을 점령하면서 독일인에게 수많은 만행을 저질렀기 때문입니다. 서베를린 사람 대부분이 소련군에 저항하며 자유를 선택하자, 당시 미국 대통령 트루먼은 서베를린을 사수하기로 결심했습니다. 그는 측근의 강한 반대에도 불구하고 "미국은 베를린을 결코 포기하지 않는다."라고 말하며 서베를린 사람을 구할 대책 마련에 나섰습니다.

"모든 C-54 수송기는 베를린으로 오라!"
_사상 최대의 물자 공급, 서베를린 공수 작전

미국 대통령 해리 트루먼은 봉쇄된 서베를린 사람을 구하기 위해 수송기를 이용하는 방법을 택했습니다. 하지만 미국이 200만 명이나 되는 서베를린 사람에게 필요한 모든 물자를 오로지 비행기를 이용해 수송하는 일은 불가능에 가까웠습니다. 베를린 봉쇄가 시작되던 무렵, 서베를린에는 36일 치의 식량과 45일 동안 사용 가능한 석탄만 남아 있었습니다. 이곳 사람들의 생활에 필요한 최소한의 물자는 하루 5,000t*으로, 당시 서독에 있던 미군 수송기로는 감당할 수 없는 엄청난 물량이었습니다.

서베를린에 물자를 내려놓는 미군기들

---

*무게 단위. 1t(톤)은 1,000Kg이다.

베를린으로 투하할 물자를 바라보는 독일인들

　미군의 공수가 시작된 첫날, 겨우 80t의 물자만 서베를린에 도착했을 정도로 당시 독일 주둔 미군의 항공기 사정은 매우 열악했습니다. 트루먼은 서베를린 사람을 살리기 위해 전 세계에 흩어져 있던 미군 수송기를 독일로 불러들이고, 퇴역한 예비역 조종사까지 군대로 복귀시켰습니다. 또한 연합국을 설득해 인도주의를 목적으로 하는 공수 작전에 동참해 달라고 요청했습니다. 하지만 트루먼의 공수 작전 협조 요청에 연합국의 초기 반응은 시원치 않았습니다. 그동안 유럽 전역을 파탄으로 몰아넣은 독일 사람을 먹여 살리기 위해 유래 없는 공수 작전을 펼칠 필요까지는 없다고 생각했기 때문입니다.

　하지만 머지않아 서베를린 사람의 위태로운 처지를 알게 된 연합

베를린 주민에게
물자를 운반 중인
미군기

국 지도자들은 트루먼의 요청을 받아들였습니다. 트루먼의 노력 덕
분에 지구상에 존재하는 수송기 대부분이 서독으로 몰려들었습니다.
수송기는 더 많은 화물을 싣기 위해 개조되었습니다. 90초마다 생활
필수품을 가득 실은 연합국 수송기가 하늘로 힘차게 이륙했습니다.
날마다 하늘은 연합국 수송기로 가득 차, 서베를린 사람에게 필요한
물자가 끊임없이 공급되었습니다.

독일 사람의 명절인 부활절에는 하루에 무려 수송기 1,300여 편을
투입했습니다. 이날은 1분마다 수송기가 이륙해 하늘을 나는 두 항공
기 사이의 거리가 300m에 불과할 정도로 많은 비행기가 베를린 하

초콜릿 폭탄을 준비하는 미군 장교

늘을 뒤덮었습니다. 트루먼은 서베를린 사람이 생활에 불편함이 없도록 세심하게 배려해 주었습니다. 궂은 날씨로 베를린 비행장에 착륙할 수 없는 날에는 낙하산을 동원해서라도 생활필수품을 공급해 주었습니다.

독일 어린이를 위한 '초콜릿 폭탄' 작전에 돌입하는 날이면 하늘에서 초콜릿과 사탕을 가득 실은 상자가 낙하산을 타고 내려오는 진풍경이 펼쳐졌습니다. 크리스마스를 앞두고는 산타클로스 인형과 미국 사람이 정성스럽게 준비한 온갖 선물이 하늘에서 쏟아져 내려왔습니다.

베를린을 봉쇄한 지 1년이 지나자 미국을 중심으로 한 연합국의 노력으로 과거 육상 교통수단으로 수송할 때보다 더 많은 물량을 하늘길로 실어 나를 수 있게 되었습니다. 소련은 연합국의 서베를린 항공 수송 작전을 방해하기 위해 수시로 전투기를 띄워 위협 비행을 하며 수송기를 방해했지만, 트루먼의 의지를 꺾지는 못했습니다.

베를린 공수 작전은 독일 사람에게 미국에 대한 좋은 인상을 각인시키는 계기가 되었습니다. 독일과 미국은 한때 총부리를 겨누고 치열하게 싸웠지만 베를린 공수 작전을 계기로 급속히 가까워졌습니다. 독일은 미국의 도움에 감사의 마음을 느낀 이후 미국의 맹방*이 되었습니다. 요즘도 독일 사람에게 가장 좋아하는 나라를 물으면 항상 미국을 제1 순위로 꼽고 있습니다.

트루먼은 베를린 공수 작전과 함께 소련을 옥죄기 위한 경제 제재 조치를 취했습니다. 자유 진영 국가들이 일제히 소련 상품에 대한 수입을 중단하자 수출길이 막힌 소련의 경제는 타격을 입었습니다. 고집불통인 스탈린도 미국의 경제 봉쇄를 계속 감당할 수는 없어 베를린 봉쇄 1년 3개월 만인 1949년 9월에 결국 두 손을 들고 말았습니다.

미국의 승리로 끝난 베를린 공수 작전은 항공 수송 27만 7,000번을 통해 234만t이나 되는 물자가 서베를린 사람에게 공급된 역사상 전무후무한 수송 작전이었습니다. 하지만 연합국 비행기가 악천후를 무릅쓰고 운항을 강행하는 과정에서 사고 101건이 발생했습니다. 추락 사고로 미군 조종사 31명과 영국군 조종사 39명이 사망하는 등 적지 않은 희생 끝에 공수 작전은 성공리에 마무리되었습니다.

베를린 공수 작전의 성공은 중대한 역사적 의미를 지닙니다. 만약 미국이 소련의 위협에 굴복하여 서베를린을 포기했다면 소련이 체제 경쟁에서 주도권을 차지했을 것입니다. 미국은 작전을 성공리에 마침으로써 냉전 초기에 소련을 제압했고, 이후에 이어진 치열한 경쟁

*서로 동맹 조약을 체결한 나라.

에서도 지속적으로 우위를 유지했습니다.

"모든 책임은 내가 진다!"_난세의 영웅, 해리 트루먼

해리 트루먼은 1884년 미국 미주리주의 시골 마을인 라마_{Lamar}에서 태어났습니다. 가난한 농부의 아들로 태어난 그는 어릴 적부터 농사일을 도우며 공부했습니다. 책 읽기를 좋아해 많은 지식을 쌓았지만 시력이 나빠지는 바람에 미국 육군사관학교_{웨스트포인트} 입학시험에 낙방하고 말았습니다. 대학 진학에 실패한 트루먼은 12년 동안 가족과 함께 농부로 일했습니다.

포병 장교 시절의 해리 트루먼

1914년 일어난 제1차 세계대전은 트루먼에게 출셋길을 열어 주었습니다. 전쟁이 격화되자 미국 정부는 포병 학교를 설립하고 포병 장교 후보생을 대거 모집했습니다. 1917년 트루먼은 30대 초반이라는 늦은 나이에 어릴 적 꿈이었던 육군 장교가 되기 위해 포병 학교에 지원했습니다. 이번에도 시력이 나빠 신체검사에 떨어질 위기에 처한 트루먼은 시력 검사표를 통째로 외워서 통과했습니다. 그만큼 그는 강한 집념의 소유자였습니다. 포병 소위로 임관해 유럽 최전선에 파견된 트루먼은 누구보다 용감히 싸웠고 승진을 거듭해, 임관 2년 만인 1919년 소령으로 승진했습니다.

종전과 함께 사회로 나온 트루먼은 1923년 미주리대학교 캔자스시티Kansas City 캠퍼스에 진학했으나 경제 사정이 여의치 않아 중간에 그만두어야 했습니다. 1927년 트루먼은 참전 경험 덕분에 잭슨 카운티Jackson County 법원의 행정 담당 판사로 선출되었습니다. 1934년에는 고향 미주리주 연방 상원 의원으로 선출되어 정계 진출에 성공했습니다. 하지만 대학 중퇴 학력에다 가난한 농부 출신이라는 배경은 그

에게 치명적인 약점으로 작용했습니다. 명문가 자제들이 기승을 부리는 미국 정계에서 시골내기 트루먼이 활동할 수 있는 영역은 그다지 넓지 않았습니다.

1944년 프랭클린 루스벨트Franklin Roosevelt가 트루먼을 자신의 러닝메이트*로 지명해 대선에 나가 승리했습니다. 하버드

대선에 나선 프랭클린 루스벨트(왼쪽)와 해리 트루먼

---

* 선거에서 한 조가 된 입후보자 가운데 하위 후보자를 일컫는 용어. 흔히 미국의 정·부통령 선거에서 부통령 입후보자를 가리키는 말로 쓰인다.

급작스럽게 세상을 떠난 프랭클린 루스벨트

대학을 졸업한 미국의 대표 명문 가문 출신인 루스벨트가 트루먼을 부통령으로 임명한 이유는 그에게 아무런 힘이 없었기 때문입니다. 당시 미국 부통령은 하는 일이 거의 없고 자리만 지켜 주면 되었기 때문에 루스벨트는 그 자리에 트루먼이 적격이라고 생각했습니다.

프랭클린 루스벨트가 대통령 직무를 수행하면서 트루먼과 상의하는 일은 없었습니다. 루스벨트가 주요한 외교 결정을 내리고도 부통령인 트루먼에게 알려 주지 않아 트루먼은 신문을 보고 나서야 비로소 무슨 일이 일어났는지 알 수 있었습니다. 심지어 원자 폭탄 개발 프로그램인 '맨해튼 프로젝트'조차 모르고 있다가 프랭클린 루스벨트가 세상을 떠난 뒤 보고를 통해 알게 되었습니다. 이처럼 존재감이 없던 트루먼은 1945년 4월, 취임 83일 만에 프랭클린 루스벨트의 급

일본에 떨어진 원자 폭탄

작스러운 병사 때문에 대통령 자리에 올랐습니다.

트루먼이 대통령직을 승계할 당시 누구도 그가 뛰어난 업적을 거두리라고 기대하지 않았습니다. 하지만 소련과 치르는 냉전이라는 난세에서 트루먼은 미국에 꼭 필요한 영웅이었습니다. 제2차 세계대전 말기에 심신이 쇠약해질 대로 쇠약해진 프랭클린 루스벨트가 스탈린에게 끌려다녔던 것과 달리, 트루먼은 스탈린의 협박에 눈 하나 깜짝하지 않았습니다. 일본에 원자 폭탄 투하라는 과감한 결단을 내려 제2차 세계대전을 끝낸 것도 트루먼이었고, 베를린 공수 작전에 나섰던 것도 트루먼이었습니다.

트루먼은 사회주의의 확산을 막기 위해 미국의 국력을 총동원해

종전을 앞두고 이오시프 스탈린, 윈스턴 처칠을 만난 해리 트루먼

일본의 항복 선언을 발표하는 해리 트루먼

한국 전쟁을 치르기도 했습니다. 뒷날 그는 회고록에서 한국 전쟁 참전을 결정하기 위해 밤을 새우며 고민했다고 밝혔습니다. 한국 전쟁이 공산권과 벌이는 제3차 세계 대전으로 확전될 것을 우려했기 때문이라고 했습니다. 트루먼은 백악관 책상 위에 '모든 책임은 내가 진다.'라는 좌우명을 적어 두었을 정

한국 전쟁 참전을 결정하는 해리 트루먼

도로 책임감이 강한 사람이었습니다. 포악하기 그지없던 스탈린마저도 과감한 결단력을 소유한 트루먼을 두려워했습니다.

트루먼은 대통령이 헌법 안에 있을 때 가장 강력하다는 사실을 간파하고, 헌법 밖으로는 단 한 발자국도 내딛지 않으려 했던 강직한 대통령이었습니다. 그가 군대 내에서 만연했던 흑백 차별 정책을 완전히 폐지함으로써 한국 전쟁 때부터 흑인과 백인이 같은 부대에서 함께 싸우게 되었습니다.

또한 프랭클린 루스벨트의 뉴딜 정책*을 이어받아 복지 제도를 확

---

* 1933년에 미국 대통령 프랭클린 루스벨트가 대공황을 극복하기 위해 시행한 경제 부흥 정책.

대하고 공공 주택을 대거 보급해 중산층을 늘리는 적지 않은 성과를 이룩했습니다.

해리 트루먼은 미국이 가장 어려운 시기에 등장해 고뇌에 찬 결단을 통해 미국을 이끈 난세의 영웅입니다. 취임 초기 아무도 트루먼의 재선을 예상하지 않았지만, 그는 1948년 선거에서 미국 국민의 신임을 받는 데 성공했습니다.

자유 민주주의를 지키기 위한 미국의 새로운 정책 '트루먼 독트린'

17세기 미국이 개척된 이후 미국인에게 유럽은 항상 선망의 대상이었습니다. 그들에게 유럽은 자신들의 뿌리이자 따라야 할 존재였습니다. 그런데 유럽 대륙에서 제2차 세계대전이라는 초유의 격전이 치러지면서 유럽은 초토화되었습니다. 반면 미국 본토는 직접적인 전쟁 피해를 입지 않아 산업 생산 기반을 그대로 유지했습니다. 더구나 미국은 영국 등 연합군의 전쟁 물자까지 공급하면서 산업 생산력이 더욱 확대되어 전쟁 이후 채권국 지위로 올라섰습니다.

전쟁 때문에 가장 부유한 대륙에서 폐허의 땅으로 변해 버린 유럽을 두고 미국 대통령 해리 트루먼은 각 나라가 알아서 재건하도록 방관할 것인지, 아니면 재건을 적극 도울 것인지에 관해 고민했습니다. 전통적으로 미국은 고립주의 정책을 국시*로 삼고 해외 문제에 개입

---

* 국민 전체가 지지하는 국가의 이념이나 국정의 근본 방침.

공산 세력이 일으킨 그리스 내전

하지 않는 것을 원칙으로 해 왔기 때문입니다.

1946년 그리스에서 일어난 내전은 미국 국가 정책의 기본 방침이 바뀌는 중요한 계기가 되었습니다. 제2차 세계대전 당시 나치 독일의 점령하에 있었던 그리스는 1945년 5월 해방되자마자 혼란의 소용돌이에 휩싸였습니다. 나치 독일이 갑자기 패망하면서 힘의 공백 상태가 생겨난 틈을 타 공산당 무장 세력이 권력을 차지하고자 했습니다.

그리스의 공산 세력은 세력 범위를 급속히 확장시켜 이듬해 1946년 드디어 내전을 일으켰습니다. 그리스 내전은 한국 전쟁처럼 동족 간의 피비린내 나는 이념 전쟁으로 소련의 수장 스탈린이 배후 세력이었습니다. 내전 초기 그리스 정부군은 공산 반군에게 속수무책으로 밀려, 머지않아 그리스에 사회주의 국가가 들어서게 될지도 모르는 상황이었습니다.

미국 입장에서 그리스는 단순히 유럽에 있는 일개 나라가 아니었습니다. 그리스는 미국인이 절대 가치로 떠받드는 민주주의가 시작된 나라로서 서양 문화의 원천이자 뿌리입니다. 민주주의의 뿌리 국가인 그리스가 공산화된다는 것은 미국에도 충격적인 사건으로 그냥 두고만 볼 일이 아니었습니다. 예전 같으면 서유럽의 맹주 영국이 나서서 공산 세력을 소탕했을 텐데, 제2차 세계대전으로 극심한 피해

그리스에 파견된 미 해군

를 입은 영국은 그리스를 도 울 처지가 아니었습니다.

1947년 3월 트루먼은 의회 대국민 연설에서 "오늘날 세 계의 모든 국민은 자유 민주 주의나 사회주의 생활 양식 가운데 하나를 선택하도록 강 요받고 있습니다. 미국은 사 회주의자에게서 그리스인이 자유를 지키도록 도울 것입니 다."라고 말하며 미국의 그리

미국의 도움으로 전세를 뒤엎은 그리스 정부군

스 내전 개입을 선언했습니다. 이른바 '트루먼 독트린'이라 불린 미 국의 새로운 정책은 기존의 고립주의를 탈피해 미국이 세계를 이끌 어 가는 중심 국가가 되겠다는 의지의 표명이었습니다.

트루먼은 자유 민주주의를 지키기 위해 미국이 전 세계 방방곡곡 에 개입해 평화의 수호자 역할을 할 것이라고 말하면서 그리스에 대 규모 군사 지원을 실시했습니다. 공산 반군의 강력한 공격에 밀려 궁 지에 몰렸던 그리스 정부군은 미국의 전폭적인 지원 아래 단번에 전 세를 역전시켰으며, 1949년 그리스 땅에서 사회주의 세력을 완전히 몰아냈습니다.

트루먼은 사회주의 세력의 발호를 막기 위해 전방위적으로 나섰 습니다. 우선 유럽의 먹고사는 문제를 해결하는 것이 사회주의의 확

산을 막는 최선책이라고 생각해 막대한 경제 지원 프로그램을 가동하기 시작했습니다. 그동안 사회주의자가 경제난으로 고통받는 유럽 각국 국민의 틈을 비집고 들어가 사회주의 사상을 확산시켰기 때문입니다.

소련의 팽창 정책을 저지하기 위한 경제 원조 계획 마셜 플랜과 안전 보장 기구 나토의 설립

1947년 6월 미국 국무장관 조지 마셜은 "유럽 경제의 재건을 위해 전폭적인 지원을 아끼지 않겠다."라는 트루먼 행정부의 정책을 발표했습니다. 이른바 '마셜 플랜'으로 불리는 대규모 경제 지원 정책은 유럽 경제를 빠르게 회복시키는 데 결정적인 역할을 했습니다. 미국은 우방국의 고통을 간과하지 않고 자국이 가진 것을 나눠 줌으로써 상생의 길을 선택했습니다. 막대한 양의 원조 물자가 쏟아져 들어와 유럽은 전후 빈곤으로부터 해방되었습니다.

미국은 현물 지원뿐 아니라 유럽 국가가 산업 생산력을 회복할 수 있도록 자금 지원도 아끼지 않았습니다. 1947년부터 1951년까지 현재 가치로 1,000억 달러 넘는 돈이 유럽으로 흘러 들어갔습니다. 그 덕분에 유럽은 부흥의 발판을 마련했습니다. 미국은 영국, 프랑스 등 연합국뿐만 아니라 총부리를 겨누었던 독일에도 막대한 경제 지원을 아끼지 않았습니다.

당시 독일은 연합국의 폭격으로 완전히 폐허나 다름없을 정도로 파괴되어 자력으로는 생존이 불가능한 상태였습니다. 미국이 막대한 자금과 물자 지원을 통해 독일의 부흥을 돕기 시작하면서 독일인은 놀라운 저력을 발휘했습니다. 근면하기로 정평이 나 있는 독일인은 미국이 지원해 준 자금을 바탕으로 역사상 유래를 찾아보기 힘들 만큼 신속하게 경제를 부흥했습니다.

마셜 플랜의 주인공 조지 마셜

독일은 패전 이전까지만 하더라도 세계 최고 수준의 과학 기술을 보유하고 있던 나라입니다. 또한 수준 높은 독일식 직업 교육 제도를 통해 배출된 숙련된 저임금 노동자가 많았기 때문에 미국 기업은 앞다투어 독일에 생산 공장을 세웠습니다.

미국의 선린 우호 정책의 일환인 마셜 플랜 덕분에 서유럽 국가들은 제2차 세계대전의 참상에서 재빨리 빠져나올 수 있었습니다. 서유럽은 머지않아 예전처럼 경제적 풍요를 누릴 수 있었습니다. 트루먼은 유럽에 대한 경제 지원과 함께 소련의 침공에 대비하기 위해 새로운 방위 동맹 구축에도 힘을 쏟았습니다.

초강대국 소련의 공격을 유럽 혼자서 막아 내기에는 역부족이었기

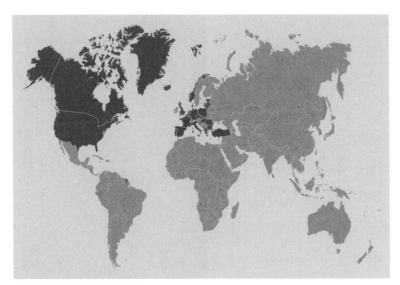

유럽과 미국의 집단 안보 체제인 나토

때문에 1949년 유럽과 미국이 힘을 합쳐 북대서양조약기구NATO(이하
나토)라는 집단 안보 체제를 구성했습니다. 북대서양을 접하고 있는
북미 국가인 미국, 캐나다와 아이슬란드, 노르웨이, 덴마크, 네덜란
드, 영국, 프랑스, 이탈리아 등 서유럽 국가가 힘을 합쳐 소련의 침략
에 대비했습니다. 이후 미국은 나토 회원국에 대규모 미군 기지를 두
고 유럽의 안보를 책임졌습니다.

　소련은 신경에 거슬리는 유럽의 소국을 공격하려고 해도 집단 안
보 체제인 나토 때문에 침략할 수 없었습니다. 이처럼 자유 진영 국
가들이 서로를 보호하기 위해 결속력을 강화해 사회주의에 대항하자
소련도 나름대로 대응책을 마련했습니다. 우선 마셜 플랜에 대응하
기 위해 1949년 코메콘COMECON을 발족했습니다. 코메콘은 소련과 동

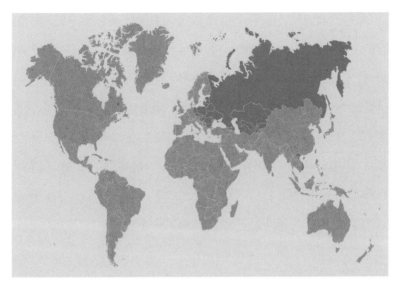

공산권 경제 협력 기구 코메콘

유럽 여러 나라를 중심으로 하는 공산권 경제 협력 기구로 '경제 상호 원조 회의'를 뜻합니다. 쉽게 말해 공산권 국가끼리 서로 돕고 살자는 목적에서 소련의 주도하에 만들어진 기구입니다.

소련은 코메콘을 통해 공산 국가에 막대한 영향력을 행사했습니다. 이를테면 쿠바에서 생산된 설탕은 소련을 통해 여러 사회주의 국가에 배분되었고, 그 대가로 쿠바는 소련의 원유와 무기를 저가에 수입했습니다. 미국과 유럽 간에는 국가의 간섭 없는 자발적인 경제 교류가 이루어졌지만, 사회주의 국가 모임인 코메콘은 모두 소련의 주도하에 국가 간 교역이 이루어진다는 차이점이 있습니다.

코메콘은 머지않아 소련 경제에 엄청난 부담을 주기 시작했습니다. 소련은 체면치레를 위해 비싼 값에 회원국의 제품을 수입하여 심각한 재정 적자*가 발생했습니다. 사실 소련은 공산화 이전까지만 해도 후진 농업국에 지나지 않았습니다. 국민 대부분이 가난을 면하지 못했고 산업 기반도 매우 취약한 상태였지만, 공산화 이후 국방 산업을 중심으로 중화학 공업을 일으키며 비로소 산업 국가의 면모를 갖추게 된 것입니다. 하지만 소련은 다른 나라를 도울 정도로 경제 여유가 있지 않았습니다. 이런 이유로 코메콘을 시행하면서 입게 된 손실 때문에 국가 경제의 근간이 흔들리게 되었습니다.

소련은 나토에 대항하기 위해 바르샤바조약기구Warsaw Treaty Organization를 조직했습니다. 1955년 5월 폴란드의 수도 바르샤바에서 소련 주도로 동독, 헝가리, 루마니아, 불가리아, 체코슬로바키아, 폴란드, 알바니아 등 공산국 8개국 대표가 모여 서방 자본주의에 맞서는 군사 동맹 체제를 구축했습니다.

소련은 서방 세계의 군사 침략에 대비해 공산권 국가끼리 단결해야 한다며 바르샤바조약기구의 창설을 주도했지만, 이는 명목에 지나지 않았습니다. 실제로는 소련군을 동유럽 국가에 주둔시켜 절대적인 영향력을 행사하려는 목적이었습니다.

바르샤바 조약 체결 이후 소련은 집단 안보를 명분으로 동유럽 각국에 대규모로 소련군을 배치하면서 사회주의 맹주로 군림했습니다.

* 한 해 나라 살림에서 정부의 지출이 거둬들인 세금 수입보다 많을 때 발생하는 적자.

동유럽 각국에 주둔하며 막강한 영향력을 행사한 소련군

동유럽에 배치된 소련군은 각국 국민이 민주화를 요구할 때마다 탱크를 동원해 잔혹하게 진압하며 점령군으로 행세했습니다. 또한 동유럽 각국에 상주한 소련 대표는 해당 국가에 엄청난 영향력을 행사하며 사실상 최고 통치자로 군림했습니다. 그 대표 사례가 동독의 베를린 장벽 설치 사건입니다.

1949년 9월 연합군 점령 지역인 서독에 '독일연방공화국'이라는 자유 민주주의 국가가 세워졌고, 한 달 뒤 소련군 점령 지역인 동독에 '독일민주공화국'이라는 공산 국가가 들어섰습니다. 비록 독일이 분단국가가 되었지만, 1950년대까지 동독과 서독 사람들은 자유로이 왕래할 수 있었습니다. 하지만 동독이 소련의 영향으로 개인의 자유가 극도로 위축되는 압제 국가로 변하자 서독으로 이주하는 동독

동독이 설치한 베를린 분리 장벽

서베를린으로 탈출하는 동독 군인

사람의 행렬이 줄을 이었습니다.

특히 서독에서도 얼마든지 좋은 직장을 구할 수 있는 엘리트의 동독 탈출이 늘어나자, 소련은 동독 정부에 분리 장벽을 설치할 것을 요구했습니다. 1961년부터 동독 지역 안에서 서베를린을 둘러싼 콘크리트 장벽을 쌓기 시작했고, 그 결과 수많은 이산가족이 생겨났습니다. 자유를 찾아 베를린 장벽을 넘어 서독으로 가려던 사람들은 동독 경비병이 쏜 총에 맞아 죽기도 했지만, 1991년 냉전이 종식될 때까지 장벽을 넘는 사람은 끊이지 않았습니다.

소련에 의해 꺾인 체코의 민주 자유화 운동, 프라하의 봄

소련은 동유럽 공산 국가들이 엄연한 주권국임에도 불구하고 내정 간섭을 일삼으며 횡포를 부렸습니다. 이에 동유럽 국가들은 소련에 적지 않은 불만을 품고 훼손당한 주권을 회복하기 위해 움직이기 시작했습니다. 그중 체코가 가장 적극적이었습니다.

체코의 수도 프라하Praha는 소련에 의해 강제로 공산화되기 이전까지만 해도 동유럽의 파리라고 불릴 정도로 아름다운 도시였습니다. 여느 동유럽 국가보다 자유로웠고 경제 수준도 높았습니다. 하지만 제2차 세계대전을 계기로 소련의 간섭을 받기 시작하면서 민주주의와 자유가 사라졌고, 소련의 눈치를 보기에 급급했던 기회주의자들이 득세하며 세상은 나빠져만 갔습니다.

체코의 민주화를 꿈꾼 알렉산드르 둡체크

그런데 1960년대 양심적인 지식인을 중심으로 민주화를 요구하는 시위가 일어나면서 분위기가 반전되기 시작했습니다. 1968년 1월 개혁파 정치인 알렉산드르 둡체크Alexander Dubcek가 공산당 지도자가 되면서 체코는 이제껏 경험해 보지 못한 민주화를 맛보게 되었습니다. 평소 민주주의에 대한 소신이 투철했던 그는 권좌에 오르자마자 '인간의 얼굴을 한 사회주의'를 만들겠다고 선언하며 자유로운 세상을 만들고자 했습니다.

둡체크는 인권을 보장하고 공산당 1당 독재가 아닌 다양한 정당이 활동할 수 있는 자유를 주었습니다. 또한 의회는 활발한 토론의 장이 되었고 국민을 위한 법률을 대거 제정했습니다. 이로 인해 체코 국민은 언론·출판·집회의 자유와 함께 해외 이민까지 마음대로 갈 수 있게 되었습니다. 둡체크의 노력으로 체코는 감시와 억압으로 가득한 사회주의 사회에서 민주주의 사회로 변해, 국민들은 그동안 누릴 수 없었던 자유를 누렸습니다. 체코 사람들은 민주주의가 만개한 이 시기를 일컬어 '프라하의 봄'이라고 부릅니다.

하지만 프라하의 봄은 길게 가지 않았습니다. 체코가 민주주의 길을 가며 소련의 말을 따르지 않자 소련의 독재자 레오니트 브레즈네프Leonid Brezhnev는 체코를 가만 놔두려고 하지 않았습니다. 예전처럼 소련에 복종하지 않는다면 무력을 동원해서라도 응징하겠다고 으름장을 놓았지만 둡체크는 끝내 그의 말을 듣지 않았습니다.

1968년 8월 20일 소련군을 필두로 바르샤바조약기구 소속 대군 20만 명 이상이 체코를 침공하면서 비극이 시작되었습니다. 무수히 많은 탱크와 끝도 없이 늘어선 대군이 수도 프라하를 향해 진격해 왔고, 소련군 특수 부대는 둡체크가 일하던 체코 공산당 본부에 낙하산을 타고 내려와 민주 인사를 남김없이 체포했습니다.

이와 같이 소련이 독립 국가 체코의 주권을 무시한 채 무력 침공을 강행하자 체코 국민은 일제히 소련에 저항했습니다. 프라하 시민들은 시내의 모든 교회 종이 찢어지도록 힘껏 쳐 대며 분노를 표현했습

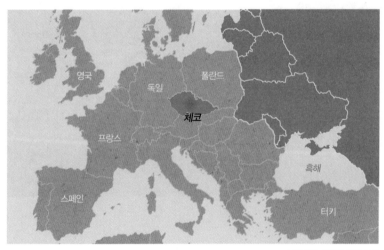

동유럽의 파리로 불린 체코

소련의 압제에 저항하는 체코인들

자유를 외치는 프라하 사람들

소련의 독재자 레오니트 브레즈네프

니다. 또한 도로 교통 표지판을 바꿔 놓아 소련군을 길거리에서 헤매게 만들었습니다. 용감한 시민들은 전진해 오는 소련 탱크 앞으로 달려가 몸으로 막다가 죽임을 당하기도 했습니다. 프라하의 가게 주인들 역시 소련군을 상대로 어떤 물건도 팔지 않으며 저항했습니다. 하지만 체코 국민의 의지만으로는 무지막지한 소련군을 막을 수는 없었습니다.

소련은 체코를 장악하자마자 둡체크를 권좌에서 쫓아내고 꼭두각시를 권좌에 앉혔습니다. 독재자 브레즈네프는 '소련의 국익을 위해서라면 언제든지 공산 국가들을 무력으로 침공할 수 있다.'라고 주장하며 동유럽 국가의 주권조차 인정하지 않았습니다. 이후 소련은 수시로 주변 공산 국가를 침략하며 괴롭혔지만 동유럽 국가들은 온전한 독립 국가를 이루려는 꿈을 포기하지 않고 끊임없이 소련에 맞서 투쟁을 이어 나갔습니다.

미국과 소련의 스파이 전쟁

제2차 세계대전 이후 냉전이 시작되면서 미·소 양국은 상대방에 대한 정보를 파악하기 위해 수단과 방법을 가리지 않았습니다. 냉전 초기 양국은 스파이를 동원해 정보 수집에 나섰는데, 미국보다는 소련이 훨씬 유리한 상황에 있었습니다.

미국은 자유주의 국가이자 다인종 국가이기 때문에 스파이가 활동하기에 충분한 영역을 확보할 수 있었습니다. 미국에는 러시아계 미국인이 무수히 많았고 이들은 거주 이전의 자유를 누리며 마음껏 활보했습니다. 이에 반해 소련은 완벽한 폐쇄 국가였습니다. 평소 스탈린은 병적으로 권력에 집착했기 때문에 소련 국민들이 숨조차 제대로 쉴 수 없도록 철저히 감시했습니다. 이웃이 서로를 감시했으며 외부 인사와는 말도 섞으려 하지 않았습니다. 이 같은 까닭에 미국 스파이가 소련에서 활동하기란 거의 불가능에 가까웠습니다.

소련은 미국 사회 곳곳에서 자리 잡고 있던 러시아인을 적극 활용해 미국에 관한 방대한 정보를 수집했습니다. 미국은 이를 막기 위해 엄청난 시간과 비용을 쏟아부었습니다.

소련 첩보원 루돌프 아벨Rudolf Abel 사건은 냉전 기간에 미국 사회를 시끄럽게 만든 사건 중 하나였습니다. 1948년 11월 루돌프 아벨은 미국의 핵 관련 기술을 훔쳐 내기 위해 미국으로 들어왔습니다. 그는 소련에서도 손꼽 히는 유능한 스파이로서 미국 에서 화가로 둔갑해 활동했습니다. 루돌프 아벨은 원자력 발전소에서 일하는 엔지니어 를 포섭해 핵심 기술을 빼돌 리는 데 성공했습니다. 그는 임무를 완수한 이후에도 소 련으로 돌아가지 않고 미국에

소련 첩보원 루돌프 아벨

남아 첩보원 활동을 계속했습니다.

소련 정부는 루돌프 아벨의 스파이 활동을 돕기 위해 레이노 헤이 하넨Reino Heyhanen을 조수로 파견해 업무량을 덜어 주었습니다. 그런데 1953년 조수로 왔던 레이노 헤이하넨이 미국 정부에 자수하면서 루 돌프 아벨의 존재가 만천하에 드러났습니다. 이후 FBI미국 연방 수사국는 루돌프 아벨을 철저하게 미행하기 시작했습니다. 하지만 노련한 첩 보원이었던 그는 FBI 요원이 눈치챌 수 없도록 완벽하게 화가로 위 장했습니다. 이 때문에 수년간 뒤를 밟아도 FBI는 좀처럼 아벨의 꼬 리를 잡을 수 없었습니다.

소련에서 내리는 지령은 손톱보다 작은 마이크로필름 형태로 제작

끝까지 추적해 루돌프 아벨을 체포한 FBI

초소형 저장 매체 마이크로필름

루돌프 아벨을 도운
제임스 도노반

되어 5센트 동전 속에 숨겨서 루돌프 아벨에게 전달되었습니다. 이를 위해 소련 정보국은 5센트 동전 속을 파내 빈 공간을 만들어 마이크로필름을 집어넣었습니다. FBI는 여러 차례 가택 수색을 했지만 동전 속에 마이크로필름을 넣었을 것이라고는 생각조차 하지 못해 번번이 허탕치고 말았습니다.

1957년, 평소 철두철미하던 루돌프 아벨이 실수를 했습니다. 그가 신문 대금으로 지불한 5센트짜리 동전이 하필이면 소련 정보국에서 제작한 동전이었습니다. 신문팔이는 동전이 너무 가벼운 점을 수상히 여겨 유심히 살펴보던 도중 동전 속이 비어 있다는 사실을 알게 되었습니다. 그는 동전을 깨서 그 속에서 마이크로필름을 찾아냈습니다. 그의 제보로 FBI는 곧바로 루돌프 아벨을 체포했고 그는 꼼짝없이 법정에 서게 되었습니다.

그런데 수많은 미국 변호사 중 누구도 루돌프 아벨의 변호를 맡으려고 하지 않았습니다. 미국 변호사 협회는 할 수 없이 뉴욕주 변호사인 제임스 도노반James Donovan에게 일을 떠넘겼습니다. 도노반은 보험 전문 변호사로서 스파이와 관련된 사건은 한 번도 맡은 적이 없었기 때문에 처음에는 변호사 협회의 요구를 거절했습니다. 하지만 본인 이외에는 루돌프 아벨을 도와줄 사람이 없다는 사실을 알게 된 그는 변호를 맡기로 결정했습니다.

1957년은 한국 전쟁이 끝난 지 얼마 되지 않았던 때였고, 미국 사회는 사회주의 종주국 소련에 대한 증오로 가득했습니다. 도노반은 소련 스파이에게 도움을 주는 반역자로 몰려 사람들의 손가락질을 받았습니다. 심지어 그의 가족도 주변 사람의 따돌림으로부터 자유로울 수 없었습니다. 도노반 역시 보통 미국 사람처럼 사회주의자에 대한 부정적인 생각을 가지고 있었기에 처음에는 루돌프 아벨에게 쌀쌀맞게 대했지만 시간이 흐를수록 생각이 바뀌어 갔습니다.

도노반은 루돌프 아벨과 만날수록 그가 사악한 첩보원이라기보다는 교양 있는 지식인이라는 사실을 알게 되었습니다. 인간적인 마음에서 그를 살리려고 했지만 미국 사회에서는 루돌프 아벨을 사형에 처하라는 소리밖에는 들리지 않았습니다. 도노반은 판결을 앞두고 담당 판사를 찾아가 한 가지 제안을 했습니다. 루돌프 아벨 같은 거물 스파이를 형장의 이슬로 사라지게 하는 것보다는 미국이 필요할 때 그를 적절히 활용해야 한다고 주장했습니다. 만약 미국 스파이가 소련에서 붙잡힐 경우 루돌프 아벨을 교환용으로 활용해야 한다는 의견이었습니다.

당시 재판을 담당한 판사는 도노반의 말에 일리가 있다고 생각해 루돌프 아벨에게 사형 대신 징역 30년 형을 선고했습니다. 그에게 징역형이 떨어지자 많은 미국인이 분노했지만, 이번 일이 뒷날 미국인의 생명을 구하게 될 줄은 아무도 몰랐습니다.

추락한 전략 정찰기 U-2 '드래곤레이디'
꼬리가 밟힌 최고의 스파이

미국은 소련에 스파이를 보내기가 여의치 않자 새로운 대책을 강구해야 했습니다. 이 같은 상황에서 소련은 1950년대 많은 양의 핵폭탄 투하가 가능한 초대형 폭격기를 개발하면서 미국을 긴장시켰습니다. 소련은 초대형 폭격기를 250대나 생산했다며 미국을 협박했지만, 실제로 폭격기를 몇 대나 생산했는지 알 수가 없었습니다.

미국을 위협했던 소련의 폭격기

미국 정부는 소련이 제작한 폭격기의 수를 알아내기 위해 모스크바 주재 미국 대사관까지 동원하기에 이르렀습니다. 미국 외교관들이 온종일 하늘을 쳐다보며 창공을 지나가는 폭격기의 수를 일일이 손으로 세는 원시적인 방법까지 동원했습니다. 그 결과 소련에는 250대가 넘는 초대형 폭격기가 있다는 사실을 알게 되었지만 이 정보가 정확한지 확인할 수 있는 뾰족한 방법은 찾지 못했습니다.

사실 소련은 자국의 능력을 과대 포장하기 위해 폭격기 보유 대수를 실제보다 늘려서 발표했습니다. 이를 위해 소련 정부는 같은 폭격기에 여러 가지 색의 페인트를 바꿔 칠해 가며 폭격기 보유 대수를 부풀렸습니다.

미국 정부는 자국 안보에 결정적인 영향을 끼치는 소련군의 폭격기 보유 대수를 알아내기 위해 소련이 생각하지도 못한 신형 정찰기 제작에 나섰습니다. 지상 20km 이상의 높은 고도에서 비행하면 소련의 방공레이더*와 대공미사일**로부터 안전할 것이라고 생각해 최첨단 고고도 정찰기 개발에 나섰습니다.

하지만 고고도 정찰기 개발을 위해서는 기존의 한계를 뛰어넘는 기술 혁신이 있어야 합니다. 가장 먼저 극복해야 할 문제는 산소 부족입니다. 고도가 높아질수록 대기권의 산소가 부족해지는데, 제트엔진에 사용되는 연료를 연소하기 위해서는 산소가 반드시 필요합니

---

* 비행기, 미사일 등 비행 물체에 의한 공중으로부터의 공격에 대한 무선 감시 장치.
** 공중 목표물에 대하여 사용하는 미사일을 통틀어 이르는 말.

고고도 비행을 위해 특별한 장비를 갖추어야 하는 U-2 조종사

다. 또한 거의 우주까지 올라가다 보니 기압이 낮아져 기존의 복장으로는 조종사가 살아남을 수 없었습니다.

이 같은 난제를 해결하기 위해 미국 정부는 엄청난 인력과 비용을 투자해 결국 고고도로 비행할 수 있는 첨단 정찰기 개발에 성공했습니다. 기술자들은 특수 제트 엔진을 제작해 적은 산소를 가지고도 작동할 수 있도록 했으며, 조종사를 위해 무중력 상태에서도 문제없는 우주복을 개발했습니다.

1955년 마침내 드래곤레이디Dragon Lady라는 별칭을 가진 정찰기인 U-2가 개발되어 소련에 대한 정보력 향상에 비약적인 발전을 가져다주었습니다. 적국을 꿰뚫어 보는 전략 정찰기 U-2는 다루기가 매우 어려워 공군 내에서도 최고 조종사를 엄선해 비행을 맡겼지만, 훈

미국의 기술력이 집약된 정찰기 U-2

련 과정에서 조종사 3명을 잃는 손실을 입었습니다.

결국 미국 조종사들은 수년간 훈련한 끝에 U-2를 제대로 조종할 수 있게 되어 1957년에 U-2는 비로소 실전에 배치되었습니다. U-2는 소련 상공을 마음껏 휘젓고 다니면서 주요 군사 시설을 촬영했습니다. 그 결과 소련이 보유하고 있는 폭격기는 250대가 아니라, 30여 대에 지나지 않는다는 사실도 알아냈습니다.

그러나 미국 정부가 모르는 사실이 한 가지 있었습니다. U-2가 워낙 높은 고도에서 날다 보니 소련 레이더가 포착하지 못할 것이라고 판단했지만 실상은 달랐습니다. 소련은 고성능 레이더를 통해 U-2의 자국 영공 침범 사실을 이미 알고 있었지만, 하늘 높이 비행하는 U-2를 격추할 만한 대공미사일을 확보하지 못한 상태였습니다. 하지만 기술력을 총동원해 U-2를 격추할 수 있는 대공미사일 개발에 나서면서 U-2의 전성시대가 막을 내리기 시작했습니다.

소련 상공에서 피격된 프랜시스 게리 파워스

1960년 5월 1일 미국은 소련을 감시하기 위해 터키에 있는 미군 기지에서 U-2를 띄웠습니다. U-2 정찰기를 조종하던 CIA 소속 프랜시스 게리 파워스Francis Gary Powers는 소련 영공을 침범한 지 얼마 지나지 않아서 소련의 신형 대공미사일이 쫓아오는 것을 알았습니다. 얼마 뒤 U-2는 소련 미사일에 맞아 추락하기 시작했습니다. 조종사는 긴급 탈출을 했지만 땅에 닿기도 전에 미리 기다리고 있던 소련군이 몰려와 결국 포로가 되었습니다.

그동안 CIA는 U-2 조종사에게 추락할 경우 소련군에게 생포되는 대신 자살을 택하도록 교육했으며 이를 위해 조종사에게 독극물을 나누어 주었습니다. 하지만 게리 파워스는 명령을 무시한 채 소련군을 향해 "나는 살고 싶다."라고 외치며 투항했습니다. 이후 그는 소련 당국에게 자신이 알고 있던 모든 사실을 순순히 털어놓으며 미국을 궁지에 몰아넣었습니다.

미국 정부는 사건 초기 NASA미국 항공 우주국 소속 기상 관측용 비행기가 기계 고장을 일으켜 소련 영토를 침범했다고 거짓말을 했습니다. 그러나 CIA 소속 U-2 조종사가 진실을 털어놓으면서 더는 발뺌할 수 없는 처지가 되었습니다. 이로 인해 미국과 소련의 관계는 최악으로 치달았습니다. 수많은 미국인이 핵전쟁을 우려해 땅속 깊숙이 개인 방공호를 만들기도 했습니다. 사건을 일으킨 U-2 조종사는 소련 법원에게서 징역 10년 형을 선고받고 모스크바 인근 교도소에 수감되어 중노동에 시달렸습니다.

완벽한 협상이 만들어 낸 사상 초유의 스파이 맞교환 작전

미국 정부는 소련에 억류된 U-2 조종사를 구출하기 위해 변호사 제임스 도노반에게 어려운 부탁을 했습니다. 미국에 수감되어 있는 소련 스파이 루돌프 아벨과 소련에 구속된 U-2 조종사를 맞교환하도록 요청했습니다. 다만 도노반이 미국 대표가 아닌 개인 자격으로 협상에 임할 것을 요구했습니다. 이는 도노반에게 무슨 일이 생기더라도 미국 정부는 책임지지 않겠다는 말이나 다름없었습니다.

그동안 미국 정부는 U-2를 기상 관측용 비행기라고 주장해 왔기 때문에 소련과 정부 차원의 협상을 할 입장이 아니었습니다. 목숨을 담보로 한 위험하기 짝이 없는 작전이었지만 도노반은 미국 정부의 요구를 흔쾌히 받아들여 U-2 조종사를 빼내기 위한 프로젝트를 실행에 옮겼습니다.

1962년 도노반은 소련의 고위 관리와 접촉하기 위해 사회주의 국가 동독으로 건너갔습니다. 보험 전문 변호사 출신인 그는 외교 협상에 경험이 없어 좌충우돌하며 진전을 보지 못하고 현지 공산당 관리에게 무시당하기 일쑤였습니다. 하지만 그는 임무를 포기하지 않았습니다.

동독에 억류되어 있던 프레더릭 프라이어

도노반이 동독에 머무는 동안 프레더릭 프라이어Frederic Pryor라는 예일대 출신 미국인 유학생이 스파이로 몰려 동독에 잡혀 있다는 사실을 알게 되었습니다. 그는 U-2 조종사뿐 아니라 미국인 대학생도 함께 구하기로 마음먹고 더욱 부지런히 동독과 소련 관리를 찾아다녔습니다.

동독 정부는 소련 스파이 1명을 내세워 동독에 억류되어 있는 미국인 대학생까지 데려가려는 도노반의 제안을 받아들이지 않았습니다. 미국 정부 역시 도노반에게 U-2 조종사만 구해 내라고 압박을 가하며 미국인 대학생까지 구하려고 하지는 않았습니다. 하지만 U-2 조종사와 미국 대학생 모두 똑같은 가치를 지닌 인간이기에 도노반은 결코 한 사람이라도 포기할 수 없었습니다. 그가 끊임없이 동독 관리를 찾아가자, 결국 동독 정부는 미국인 대학생을 풀어 줄 수 있음을 내비쳤습니다.

1962년 2월 10일 공산 진영인 동베를린과 자유 진영인 서베를린을 연결하는 글리니케Glienicke 다리에서 양측 스파이의 맞교환이 이루어지게 되었습니다. 미국 교도소에 수감되어 있던 루돌프 아벨은 서베를린으로 이송되어 글리니케 다리에서 5년 만에 도노반과 재회했습니다.

그런데 억류자 교환 과정에서 예상하지 못한 일이 발생했습니다. 도노반이 다리 건너편을 보니 U-2 조종사만 나왔을 뿐, 미국 대학생은 모습을 드러내지 않았습니다. 도노반을 따라온 CIA 요원들은 대학생 송환을 포기한 채 U-2 조종사만이라도 데려오기 위해 루돌프 아벨을 다리 건너편으로 보내려고 했습니다. 그러자 도노반이 CIA 요원들에게 강하게 저항했습니다. 이번 기회에 미국 대학생을 구하지 못하면 다시는 구할 기회가 없음을 알았기 때문입니다. 이때 소련 스파이 루돌프 아벨이 나서서 미국 대학생이 올 때까지 다리에서 기다리겠다고 하자 CIA 요원들도 더는 어찌할 수 없었습니다.

동독 정부는 미국 대학생을 돌려보내지 않으면 사태가 해결되지 않음을 간파하고서 은밀한 곳에 대기시켜 두었던 미국 대학생을 데리고 나왔습니다. 이로써 미국인 억류자 2명은 루돌프 아벨과 글리니케 다리에서 맞교환되어 미국으로 돌아올 수 있었습니다. 도노반이 미국 정부도 할 수 없었던 어려운 일을 해냄으로써 그의 업적이 언론을 통해 널리 알려졌습니다.

도노반은 국민 영웅이 되었지만 언론에서 대대적인 보도가 나갈 때까지 그의 가족은 그가 한 일을 까맣게 모르고 있었습니다. 그가 가족이 걱정할까 봐 자신이 맡은 임무를 숨긴 채 동독으로 떠났기 때문입니다. 도노반은 집을 떠나기 전에 가족에게 스코틀랜드에서 해야 할 일이 있다고 거짓말했습니다. 또한 CIA는 도노반이 스코틀랜드에서 정상적으로 일하고 있는 것처럼 보이기 위해 그곳에서 근무하는 CIA 요원에게 시켜 정기적으로 도노반의 집으로 엽서를 보내기도 했습니다.

소련으로 돌아간 루돌프 아벨은 도노반에게 감사의 편지와 함께 오래된 법전을 선물로 보냈습니다. 이는 도노반이 희귀 도서를 수집하는 취미를 가진 것을 잘 알고 있었기 때문입니다. 모든 미국 사람이 루돌프 아벨을 무조건 전기의자로 보내야 한다고 주장할 때 도노반은 비록 적국의 첩보원이라 할지라도 인권이 있다고 주장하면서 최선을 다해 도와주었습니다. 만약 도노반이 루돌프 아벨을 살려 내지 못했다면 미국인 억류자들도 쉽게 고향으로 돌아오지 못했을 것입니다.

우주로 번진 미·소 냉전

미국은 U-2 추락 사건 이후 소련 상공에 더는 정찰기를 마음대로 띄울 수 없게 되자, 아예 우주 공간에서 소련에 관한 정보를 수집하려고 했습니다. 대기권을 벗어난 우주 공간은 어떤 나라도 영공을 주장

미국 국가 정찰국
엠블럼

할 수 없어 마음 놓고 활동할 수 있으나 최첨단 정찰 위성*이 필요했습니다. 이를 위해 1961년 미국 정부는 국가 정찰국NRO이라는 비밀 기구를 만든 뒤 본격적으로 고성능 정찰 위성 제작에 돌입했습니다.

소련은 이미 1957년 세계 최초의 인공위성 스푸트니크Sputnik를 제작했을 정도로 우주 과학 분야에서 미국에 앞선 상태였습니다. 이에 미국 정부는 막대한 예산을 쏟아부으며 인공위성 개발에 박차를 가했습니다. 그 결과 미국은 최첨단 정찰 위성인 코로나Corona를 개발했습니다. 거대한 카메라를 장착한 코로나 위성은 지구 궤도를 돌면서 소련의 주요 군사 시설을 촬영했습니다.

그런데 코로나 정찰 위성에는 한 가지 문제가 있었습니다. 고성능 카메라로 대상물을 촬영하는 일은 어렵지 않았으나, 찍은 필름을 지

---

* 대기권 밖의 상공에서 타국의 군사, 정치, 경제에 관한 각종 정보를 수집하는 인공위성.

구로 가져올 수 없었습니다. 미국은 궁여지책으로 코로나 정찰 위성에서 찍은 사진을 담은 필름을 대기권으로 떨어뜨려 회수하는 방법을 사용했습니다. 이후 촬영한 사진을 전파로 주고받을 수 있는 송수신기가 개발되면서 더는 필름을 회수하러 다니는 고생을 하지 않아도 되었습니다.

미국은 정찰 위성의 성능을 향상시키기 위해 해마다 수조 원을 들였고, 이에 비례해 큰 폭의 기술 발전을 이루었습니다. 시간이 흐르면서 미국 정찰 위성의 성능은 소련을 압도하기 시작했습니다. 미국 정부는 우주 공간에서 지상의 열쇠 구멍까지 들여다볼 수 있는 고성능 위성을 개발하기 위한 키홀Key Hole 프로젝트를 진행하면서 갖가지 신기술을 확보했습니다.

1991년 소련이 붕괴하기 직전까지 미국은 최고 수준의 정찰 위성 개발을 위해 100조 원이 넘는 돈을 쏟아부으며 초고해상도 정찰 위성을 확보했습니다. 미국이 개발한 키홀 위성은 지상에 있는 15cm짜리 물체를 식별할 수 있었습니다. 이는 자동차 번호판뿐만 아니라 사람의 얼굴도 구분할 수 있을 정도로 성능이 뛰어났습니다. 하지만 소련도 미국의 정찰 위성에 감지당하지 않기 위해 나름대로 대책을 마련했습니다. 소련은 새로 개발한 첨단 무기를 이동시킬 때 미국의 정찰 위성이 사진 촬영을 할 수 없는 밤이나 구름이 잔뜩 낀 날을 이용했습니다.

1988년 미국은 밤이나 악천후에도 사용할 수 있는 정찰 위성 개발

소련을 감시하기 위해 쏘아 올린
미국의 정찰 위성 키홀-9

에 성공하며 다시 한번 소련의 방어망을 뚫는 데 성공했습니다. 라크
로스Lacrosse라는 이름의 신형 정찰 위성은 지상의 목표물을 향해 전파
를 쏜 뒤 물체에 부딪혀 나오는 반사파를 컴퓨터로 분석해 3차원 영
상으로 재구성하는 방법을 사용했습니다. 미국은 1년 내내 소련군의
움직임을 손바닥 들여다보듯이 정찰할 수 있었는데 이는 냉전에서
미국이 승리하는 데 적지 않은 도움을 주었습니다.

소련도 미국에 대항하기 위해 고성능 정찰 위성 개발에 뛰어들었
지만 인공위성 하나를 만들기 위해 필요한 비용 수조 원을 감당하기
가 쉽지 않았습니다. 정찰 위성의 수명이 겨우 1년 정도밖에 되지 않
기 때문에 경제력에서 미국에 뒤진 소련으로서는 개발에 많은 제약

정찰 위성으로 찍은 고해상도 사진

이 따랐습니다.

이에 반해 세계에서 가장 부유한 나라인 미국은 해마다 막대한 예산을 쏟아부으며 소련과 기술 격차를 벌였습니다. 미국의 신형 정찰 위성은 해상도를 2.5cm까지 높였을 뿐 아니라 이메일, 휴대전화 등 거의 모든 정보를 중간에 가로챌 수 있었습니다. 21세기에 들어 미국은 사람의 머릿속에 든 것 이외의 모든 것을 파악할 수 있는 무서운 능력을 보유한 유일한 나라가 되었습니다.

실수와 삿대질로 시작된 우수리강 무력 국경 분쟁

중국과 소련은 같은 사회주의 국가이지만 사이가 좋지는 않았습니

중국과 소련 국경 지대에 위치한 헤이룽강

다. 소련은 스스로를 사회주의 종주국이라고 생각해 소련의 노선에 중국이 무조건 따르기를 원했습니다. 하지만 세계 최대 인구 대국이자 유구한 역사를 지닌 중국은 소련에 복종하려 하지 않았습니다. 시간이 흐를수록 소련과 중국은 점점 멀어지며 갈등을 빚기 시작하다가 급기야 무력 충돌이 일어나게 되었습니다.

1969년 중국과 소련의 국경 지대인 헤이룽강*에 사상 유래를 찾기 힘든 폭우가 내려 인근 지역이 온통 물에 잠겼습니다. 당시 국경 지대에는 중국군 80만 명과 소련군 60만 명이 집결해 있어 긴장감이 돌던 상태였습니다. 헤이룽강의 지류인 우수리Ussuri강은 폭우 피해가

* 중국 동북부와 러시아 남동부(시베리아)의 국경을 이루는 강. 러시아어로는 아무르(Amur)강으로 불린다.

사소한 일로 시비가 붙은 중국군과 소련군

심각한 곳 중 하나였는데, 폭우 때문에 국경을 나누는 경계선마저 사라져 버렸습니다. 양국 간의 경계가 모호해진 상황에서 중국군이 순찰에 나서다가 그만 소련 영토에 살짝 발을 디뎠습니다. 이 광경을 지켜보던 소련군 병사는 중국군을 향해 당장 소련 땅에서 떠나라고 소리를 질러 댔습니다.

러시아어를 모르던 중국군은 소련군 병사가 자신을 향해 폭언을 퍼붓는 줄 알고 삿대질을 하며 거칠게 대들었습니다. 이에 화가 난 소련 병사는 주먹으로 중국 병사를 마구 때렸고, 소련 병사보다 체격이 작은 중국군은 일방적으로 두들겨 맞았습니다. 심하게 폭행당한 중국군이 초소로 돌아오자 동료들이 복수하기 위해 소련군 진지로 달려갔지만, 역시 힘에 부쳐 정신없이 두들겨 맞았습니다.

주먹으로는 도저히 맞설 수 없게 된 중국군은 소련군을 제압할 수

폭력 사태로 이어진 중국과 소련의 국경 분쟁

있는 새로운 방법을 찾았습니다. 그들은 봉술에 일가견이 있는 대원을 총동원해 주먹으로 맞선 소련군에게 큰 타격을 주었습니다. 소련군은 주먹이 아닌 봉이라는 무기를 들고 공격한 것에 대해 맹비난하며 중국군을 향해 대포를 쏘아 대기 시작했습니다. 사소한 주먹다짐이 국경 분쟁으로 비화되어 양국은 사상자 수백 명이 생긴 뒤에야 비로소 싸움을 그쳤습니다. 중·소 국경 분쟁을 계기로 양국 관계는 돌이킬 수 없는 지경으로 악화되며 원수가 되었습니다.

미국과 중국의 외교 단절 22년 만에 얻은 탁구가 가져온 평화

중국과 소련이 동지에서 적으로 바뀜에 따라 중국은 소련을 견제하기 위해 미국과 관계 개선을 추진하려고 했고, 미국 역시 소련을 견제하기 위해서는 중국과 좋은 관계를 맺을 필요가 있었습니다. 그러나 미국과 중국은 한국 전쟁 당시 서로 총부리를 겨누었던 경험 때문에 관계 개선을 추진하기가 쉽지 않은 상황이었습니다.

중국의 최고 지도자 마오쩌둥

1971년 4월 일본 나고야에서 열린 세계 탁구 선수권 대회는 양국의 관계 개선에 결정적인 계기를 마련해 주었습니다. 당시 냉전이 한창 진행되고 있던 상황에서 중국은 미국 편이었던 일본과도 첨예한 대립을 지속하고 있었습니다. 이 때문에 체육계 관계자들은 탁구 대표 팀을 일본으로 출전시키는 일을 말렸습니다. 하지만 중국 최고 지도자 마오쩌둥毛澤東은 주변의 만류에도 불구하고 탁구 대표 팀을 일본으로 보내 세계 최강 중국의 탁구 실력을 전 세계에 과시하고자 했습니다.

일본 나고야에서 미국 탁구 국가 대표 선수 글렌 코완Glenn Cowan이 훈련을 마친 뒤 체육관 밖으로 나와 보니, 자국 선수단을 태운 버스

중국 대표 팀의 환대를 받은 글렌 코완

가 이미 출발해 버렸습니다. 그가 당황해 어찌할 바를 모르고 있을 때, 마침 그곳을 지나가던 중국 대표단 버스가 그의 앞에 멈추었습니다. 버스 문이 열리더니 중국 선수들이 차에 타라고 연신 손짓을 해 댔고 약간의 망설임 끝에 그는 차에 올랐습니다.

글렌 코완은 버스 안에서 중국 선수단의 따뜻한 환대를 받으며 함께 기념사진을 찍기도 했습니다. 숙소로 돌아온 그는 중국 선수단에게 받았던 환대를 동료에게 자랑했습니다. 이 소식은 머지않아 미국 언론에 알려졌습니다. 기자들이 글렌 코완에게 "기회가 되면 중국에 가고 싶은가?"라는 질문을 하자, 그는 "당장이라도 중국에 가고 싶다."라고 말했습니다.

당시에는 미국 정부가 중국 여행을 금지한 상태였기 때문에 미국 인들은 중국에 갈 수 없었습니다. 글렌 코완의 인터뷰가 전 세계에 방송되면서 중국인들도 이 소식을 접했습니다. 중국 지도자 마오쩌 둥은 탁구를 통해 미국과의 관계 개선을 도모하기로 마음먹고 미국 대표단을 초청했습니다. 미국 정부도 중국의 호의를 흔쾌히 받아들 여 나고야 세계 탁구 선수권 대회가 막을 내린 뒤 1971년 4월 10일 부터 1주일 동안 미국 국가 대표 팀은 중국을 방문하게 되었습니다. 이는 1949년 중국 대륙에 사회주의 정권이 들어서고 양국 간의 외교

중국을 방문한 미국 탁구 대표 팀

관계가 단절된 뒤 22년 만에 일어난 일이었습니다.

　미국 대표 팀은 중국 방문 기간에 융숭한 대접을 받았는데, 이 모습은 언론을 통해 미국인에게 전달되었습니다. 그동안 한국 전쟁의 영향으로 중국에 대해 극도의 경계심을 갖고 있던 미국인들은 탁구 대표 팀의 방문을 계기로 중국에 대해 다소 호의적인 감정을 가지게 되었습니다.

　미국 제37대 대통령 리처드 닉슨Richard Nixon은 이번 기회를 놓치지 않기 위해 외교 정책을 총괄하던 헨리 키신저Henry Kissinger 국가 안보 담당 보좌관을 중국에 보내려고 했습니다. 하지만 당시 미국에는 한국 전쟁 참전 용사를 중심으로 중국과 하는 관계 개선을 원하지 않는 사람이 많았기 때문에 정부는 신중하게 접근해야 했습니다.

　1971년 7월 파키스탄을 방문한 헨리 키신저 국가 안보 담당 보좌관은 바쁜 일정을 소화하던 도중 갑자기 복통을 호소하며 일정 중단을 선언했습니다. 이후 키신저는 병 치료를 이유로 외부에 모습을 드러내지 않았지만 이는 거짓말이었습니다. 그는 은밀히 중국을 방문하기 위해 아픈 척했고, 복통이 일어났다고 주장한 바로 그날 전용기를 타고 곧장 중국 베이징으로 날아갔습니다.

　키신저는 베이징에 머무는 동안 저우언라이周恩来 총리를 포함한 중국 지도자를 모두 만나 양국 간의 관계 개선 방법에 대해 많은 대화를 나누었습니다. 저우언라이는 헨리 키신저에게 관계 개선을 위해서는 정상 회담이 필요하다고 설명하며 미국 대통령 리처드 닉슨의 조속한 중국 방문을 요청했습니다. 중국의 요청을 받아들인 닉슨은

중국 지도자 마오쩌둥과 저우언라이를 만난 헨리 키신저

이듬해인 1972년 2월 역사적인 중국 방문길에 올랐습니다.

  1972년 미국은 베트남 전쟁의 수렁에서 벗어나기를 간절히 바라는 상황이었는데, 미군 철수 뒤 중국이 베트남을 점령할까 봐 전전긍긍하고 있었습니다. 미국의 고민을 잘 알고 있었던 중국 지도자 마오쩌둥은 미군이 철수하더라도 중국이 베트남을 점령하는 일은 없을 것이라고 약속했습니다. 이로 인해 미국은 베트남에서 안심하고 군대를 철수했습니다. 이후 미국과 중국의 관계는 적대 관계에서 차츰 우호 관계로 발전했습니다.

  1979년 중국 지도자 덩샤오핑鄧小平이 미국을 방문하면서 마침내 양국 간에 국교 정상화가 이루어지며 한국 전쟁으로 인한 지난날의

미국 대통령으로 처음 중국을 방문한 리처드 닉슨(왼쪽 2번째)

미국을 방문해 국교 정상화를 이룬 덩샤오핑(왼쪽)과 미국 대통령 지미 카터

타이완에 주둔 중인 미군을 철수시킨 미국 정부

앙금을 씻어 냈습니다. 중국과 미국의 국교 정상화가 이루어짐으로
써 미국의 수많은 기업이 저렴한 인건비를 찾아 중국에 현지 공장을
세우면서 중국 경제는 비약적으로 성장하기 시작했습니다.

하지만 미국이 중국과 수교하면서 기존의 맹방이었던 타이완(대만)은
미국에게서 버림을 받는 아픔을 겪어야 했습니다. 이는 중국이 오래
전부터 상대방 국가에 중국과 수교하는 조건으로 타이완과 하는 단
교를 내세웠기 때문입니다. 전 세계 국가 대부분은 작은 섬나라인 타
이완보다는 세계 최대 인구 보유 국가인 중국이 더 가치가 있다고 생
각해 타이완과 단교에 나섰습니다. 미국 역시 실리를 위해 타이완을
버리고 중국을 택했습니다.

1970년대 미국과 중국이 가까워짐에 따라 소련은 국제 사회에서 외톨이가 되지 않기 위해 미국과 벌이는 대립을 자제했습니다. 그때부터 냉전으로 인한 긴장감이 이전보다 한층 줄어들면서 가까운 장래에 평화로운 세상이 도래할 수 있다는 희망을 갖게 되었습니다. 불과 2.5g짜리 탁구공이 일으킨 변화를 지켜본 사람들은 "작은 공이 큰 공(지구)을 흔들었다."라는 말을 하기도 했습니다.

다시 시작된 미국과 소련의 냉전

1977년 지미 카터Jimmy Carter가 미국 제39대 대통령에 취임하면서 미국의 외교 정책은 급격한 변화를 맞이했습니다. 평소 윤리적인 삶에 큰 가치를 두었던 카터는 미국을 도덕적인 국가로 바꾸려고 했습니다. 그동안 미국은 군사력의 우위를 바탕으로 전 세계를 자국의 뜻대로 움직여 왔지만, 카터는 더는 국제 문제에 개입하려고 하지 않았습니다.

카터는 수시로 국민을 향해 "미국은 예전처럼 강력한 국가가 아니라는 냉엄한 현실을

국방력 약화를 불러온 지미 카터

받아들어야 한다."라고 주장하면서 미국의 시대가 끝나가고 있음을 알렸습니다. 이처럼 미국 대통령 지미 카터가 나약한 소리를 하자 소련은 미국을 무시하기 시작했습니다.

1979년 소련은 자국의 이익을 위해 중앙아시아의 이슬람 국가 아프가니스탄을 침공하며 제국주의 국가로서의 본색을 드러냈습니다. 카터는 소련을 향해 주권 국가를 침략하는 일은 도덕적이지 못하다며 비판을 가했지만 소련은 눈 하나 깜짝하지 않았습니다. 이는 같은 해 2월 이란에서 일어난 이슬람 혁명에서 미국이 이슬람 원리주의자인 아야톨라 호메이니Ayatollah Ruhollah Khomeini에게 맥없이 무너지는 모습을 보았기 때문입니다.

이슬람교에 심취한 이란 사람들이 국제법도 무시한 채 미국 대사

이란의 이슬람 혁명을 이끈 아야톨라 호메이니

관에 불법으로 침입해 미국 외교관을 인질로 잡는 만행을 저질렀지만, 카터 행정부는 제대로 대처하지 못하고 우왕좌왕할 뿐이었습니다. 또한 미국 대사관에 억류되어 있던 인질을 구출하려고 출동한 미군 최정예 특수 부대 요원을 태운 헬기가 작전을 펼치기도 전에 추락하면서 미국은 졸지에 종이호랑이로 전락하고 말았습니다.

미국의 약점을 간파한 소련은 그동안의 화해와 협력 분위기를 일순간에 깨뜨리며 국제 사회에서 마음대로 행동했습니다. 소련은 반미 국가로 돌아선 이란과 협력을 강화하면서 중동 지역에서 영향력을 넓히고자 했습니다. 중앙아시아에 위치한 아프가니스탄이 이란과 국경을 맞대고 있었기 때문에 소련은 아프가니스탄을 손에 넣은 뒤이란까지 이어지는 세력 범위를 구축하고자 했습니다.

카터는 중동 지역을 차지하려는 소련의 욕심을 막기 위해 직접 군사 대응을 하지는 못했지만, 아프가니스탄 반군에게 막대한 군사 원조를 해 주어 소련과 맞대응할 수 있도록 도왔습니다. 또한 소련에 대한 강력한 경제 봉쇄를 단행해 다시 긴장이 높아지기 시작했습니다. 중국과의 관계 개선을 계기로 잠시나마 긴장이 완화되었던 세계

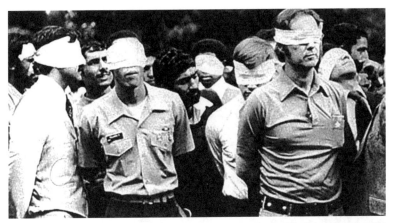
미국 외교관을 인질로 잡은 이란 사람들

는 다시 차가운 냉전의 시대로 돌입해, 자유 진영과 공산 진영이 이전보다 더욱 격렬하게 대치했습니다.

총성 없는 전쟁터, 올림픽

미국과 소련의 냉전 시기에 군사 대결에 버금갈 정도로 경쟁이 치열했던 분야가 바로 스포츠입니다. 무기를 들고 싸우는 전쟁은 사람의 생명을 해치기 때문에 쉽게 일어나지 않지만, 스포츠는 무기 없이도 양진영의 우열을 가름해 볼 수 있는 좋은 수단이었습니다.

특히 올림픽은 다양한 종목에서 기량을 겨뤄 메달 획득 수를 기준으로 국가별 순위를 정하기 때문에 가장 치열한 경쟁의 장이었습니다. 올림픽 역시 냉전의 부정적인 여파에서 벗어날 수 없기는 마찬가지였습니다. 1979년 소련이 아프가니스탄을 침공하자, 미국은 이에 대

눈물을 흘리는
모스크바 올림픽 마스코트

한 보복으로 1980년 소련의 수도 모스크바에서 개최된 하계 올림픽에 불참을 선언했습니다.

미국 한 나라만 불참한 것이 아니라 미국의 영향력 아래 있던 65개국이 뜻을 같이 하면서 모스크바 올림픽은 참가국 수가 80개국밖에 되지 않은 반쪽짜리 대회로 전락하고 말았습니다. 4년 뒤인 1984년 미국 로스앤젤레스에서 개최된 하계 올림픽 역시 소련을 포함한 공산권 국가가 대거 불참하면서 정치와는 무관한 올림픽 정신에 오점을 남겼습니다.

공산 진영은 스포츠 분야에서 자유 진영을 누르기 위해 이른바 '메달 공장'이라는 것을 운영했습니다. 메달의 개수는 국력에 비례한다

반쪽짜리 대회로 전락한 모스크바 올림픽

고 생각한 공산 국가들은 스포츠에 소질이 있는 어린 유망주를 선발해 한곳에 몰아넣은 뒤 공부 대신 온종일 운동만 시켰습니다. 아이들이 건강하게 자라려면 부모의 사랑이 필수이지만 메달 공장에 갇힌 아이들은 부모와 떨어져서 오직 금메달을 따기 위한 기계로 취급되었습니다.

공산 정권은 근력을 강화하기 위해 선수의 몸에 스테로이드steroid라는 약물을 주입했습니다. 이로 인해 선수들은 극심한 부작용에 시달렸습니다. 인간의 근육은 여러 개의 근섬유 다발로 이루어져 있습니다. 운동을 하면 근섬유에 상처가 나면서 근육이 단련되고, 이를 재생하는 과정에서 근육이 커지고 견고해집니다.

이 과정에서 스테로이드를 복용할 경우 운동 시 근육에 상처가 더욱 많이 생기게 되고 재생 속도 역시 빨라집니다. 일반적으로 근육 운동 뒤 상처 난 근육의 재생 시간은 이틀 정도 걸리지만, 스테로이드를 복용할 경우에는 재생 시간을 하루로 단축할 수 있습니다.

스테로이드는 근육을 발달시킬 뿐만 아니라 지구력과 민첩성 등 인간의 운동 능력을 한계치 이상으로 끌어올리는 놀라운 효능을 지니고 있습니다. 10년이나 운동을 해도 들지 못했던 무게를 스테로이드 복용으로 간단하게 들어 올리는 기적이 일어나지만, 그에 따른 극심한 부작용이 도사리고 있습니다. 남성의 경우 고환이 작아지면서 여성처럼 가슴이 커지는 여유증이 생기며, 이와 반대로 여성은 가슴이 작아지고 수염이 나면서 남성처럼 변하게 됩니다.

또한 남녀 모두 심장에 문제가 생겨 이른 나이에 심장마비로 죽는 경우가 다반사입니다. 이와 같은 엄청난 부작용을 수반하는 스테로이드를 공산권 스포츠 선수들은 예사로이 복용하고 경기장에 나와서는 엄청난 괴력을 발휘해 메달을 휩쓸었습니다. 공산 정권은 메달을 딴 선수에게 국위를 드높인 공로로 고급 자동차, 대저택, 많은 포상금을 지급하면서 국가 영웅 대접을 해 주었습니다.

냉전 시대에 스포츠는 체제와 이념의 대결장이었으며 공산 국가들은 어린 선수들에게 약물까지 먹이면서 광적으로 메달에 집착했습니다. 그 결과 공산권 국가들은 올림픽이 개최될 때마다 메달을 쓸어 담을 수 있었지만, 선수들은 약물 중독의 후유증으로 제명을 살지 못하고 세상을 떠나야 했습니다.

스포츠 정신이 발휘된 빙판 위의 기적

1980년 미국 뉴욕에서 열린 동계 올림픽은 극심한 냉전의 소용돌이 속에서도 성공적으로 개최되어 많은 사람의 관심을 받았습니다. 1980년 여름 모스크바에서 열린 하계 올림픽에 미국이 불참을 결정했지만, 같은 해 겨울 미국에서 개최된 동계 올림픽에 소련이 대표단을 보내 묘한 대조를 이루었습니다. 소련은 얼음의 나라답게 동계 올림픽에서 월등한 기량을 선보였는데 아이스하키에서 타의 추종을 불허했습니다.

아이스하키는 단체 경기인 만큼 구성원의 단결심이 중요합니다. 소련 정부는 '불평등이 만연한 자본주의보다 사회주의 통제 시스템이 우월하다는 것을 아이스하키를 통해 보여 주겠다.'라고 공공연히 주장하며 아이스하키 팀을 위해 전폭적인 지원을 아끼지 않았습니

세계 최고의 실력을 갖춘 소련 아이스하키 팀

다. 뛰어난 기량을 지닌 두터운 선수층에 국가 차원의 지원이 쏟아지면서 소련 아이스하키는 적수를 찾을 수 없을 정도로 천하무적의 지위를 자랑했습니다.

1964년 이후 1976년까지 4년마다 열리는 동계 올림픽에서 소련 팀이 압도적인 기량을 뽐내며 금메달을 차지했기 때문에 1980년 미국 동계 올림픽의 금메달도 당연히 소련이 차지할 것이라고 생각했습니다. 미국 동계 올림픽에 참여한 소련 선수들은 20년 경력의 베테랑에다가 현직 소련군 장교로서 투철한 군인 정신으로 무장한 이들이었습니다.

이에 반해 미국 아이스하키 팀은 국제 무대에서 소련에게 이긴 적이 거의 없었습니다. 더구나 이번 동계 올림픽 대표 팀은 프로 선수가 아닌 아마추어 선수로 구성된 약체 팀이었습니다. 이에 미국인들은 미국 팀이 금메달은 고사하고 8강만이라도 진출했으면 좋겠다는 소박한 바람을 가지고 있었습니다.

하지만 미국 대표 팀을 맡은 허브 브룩스Herb Brooks 감독은 '최선을 다해 준비하면 이 세상에 못 이길 팀은 없

미국 대표 팀을 맡은 허브 브룩스

다.'는 신념을 가지고 있었습니다. 그는 실전 경험이 부족하고 나이마저 어린 선수들을 향해 "전 세계 사람에게 인간의 정신이 얼마나 위대한지 보여 주자."라고 말하며 승리에 대한 희망을 불어넣었습니다.

동계 올림픽 개최를 앞두고 벌어진 소련 대표 팀과 미국 프로 아이스하키 리그 출신 올스타 간의 평가전에서 소련 대표 팀이 6대 0으로 압승을 거두며 허브 브룩스 감독의 마음을 무겁게 만들었습니다. 평가전에서 소련 대표 팀은 실로 가공할 만한 능력을 보여 주며 명실상부한 세계 최강임을 입증했습니다. 소련 선수들은 정밀한 기계처럼 한 치의 오차도 없이 자신의 임무를 수행했는데, 이는 인간이 보여 줄 수 있는 한계치에 해당할 정도였습니다.

올림픽이 개최되자 소련 팀은 다른 나라 팀을 연파하며 기세를 올렸습니다. 예선전에서 미국 팀을 10대 3으로 격파하며 실력이 한 수 위임을 유감없이 보여 주었습니다. 이때까지만 해도 미국 팀이 소련의 맞수가 될 것이라고 생각한 사람은 없었습니다. 그런데 예선전을 간신히 통과한 미국은 준결승전에서 소련과 다시 맞붙게 되었습니다.

올림픽에 참가한 모든 팀은 결승전에 오를 때까지 소련과 맞붙지 않기를 바랐지만, 미국은 운 없게도 준결승전에서 다시 한번 소련과 한판 승부를 겨루어야 했습니다. 공산 진영과 자유 진영을 대표하는 초강대국의 라이벌전이었던 만큼 이날 경기는 미국뿐 아니라 전 세계 사람들의 엄청난 관심을 끌었습니다. 경기 티켓은 일찌감치 매진되어 표를 구하지 못한 미국인은 텔레비전 앞에 둘러앉아 경기를 지

소련을 누르고 금메달을 딴 미국 아이스하키 대표 팀

켜보았습니다.

경기 시작 전에 허브 브룩스 감독은 선수들에게 "오늘 여러분이 미
국 아이스하키 역사상 가장 위대한 일을 해낼 것입니다."라고 격려하
며 최선을 다해 줄 것을 요구했습니다. 빙상 경기장을 가득 채운 미
국인들은 혼연일체가 되어 자국 선수를 위해 열렬한 응원전을 펼쳤
고, 이에 힘을 얻은 선수들은 죽을힘을 다해 싸웠습니다. 경기 종료
10초 전, 전 국민이 카운트다운을 함께하며 미국 팀의 승리를 기원
했습니다. 스무 살을 갓 넘긴 선수들은 강인한 정신력을 앞세워 소련
팀을 상대로 시종일관 대등한 경기를 펼치다가 4대 3으로 기적적인

승리를 거두었습니다.

미국 팀이 꿈과 같은 역전승을 거두자 미국은 열광의 도가니가 되었습니다. 미국 선수들은 시상대에 올라 감격의 눈물을 쏟았습니다. 이를 지켜보던 소련 선수들은 진심 어린 축하를 해 주었습니다. 이 순간만큼은 냉전이라는 이념 전쟁을 떠나 양국의 젊은이들이 건강한 스포츠 정신으로 서로를 바라보았습니다. 이를 두고 사람들은 '빙판 위의 기적'이라 불렀습니다. 이는 오늘날까지 사람들 사이에서 널리 회자되고 있습니다.

소련의 대륙 간 탄도 미사일을 대기권 밖에서 격추시켜라!
미국의 스타워즈 계획

1980년 12월에 치러진 미국 제40대 대통령 선거에서 공화당의 로널드 레이건_{Ronald Reagan} 후보가 당선되었습니다. 그는 젊은 시절 할리우드에서 영화배우로 명성을 날린 인물로서 정치에 입문한 뒤로는 공화당의 대표 보수 강경파로 분류되었을 만큼 강력한 미국을 부르짖던 사람이었습니다. 당시 미국 국민은 도덕 정치를 운운하며 소련에 끌려 다니던 카터 행정부의 나약함에 신물이 난 상태였습니다. 이 때문에 강한 미국의 재건을 선거 공약으로 내세운 레이건 후보는 압도적인 지지를 받고 대통령에 당선되었습니다.

평소 레이건은 소련을 '악의 제국'이라 부르며 반드시 무너뜨려야 할 국가라고 주장할 정도로 소련을 혐오했습니다. 그는 취임사에서

미국인의 압도적인 지지를 받고 대통령에 당선된 로널드 레이건

소련에 대해 '거짓말을 일삼는 사악한 집단으로 대화할 가치도 없는 존재'라고 몰아붙이면서 비난을 퍼부었습니다. 레이건은 '악의 제국'을 무너뜨리기 위해 집권하자마자 국방비를 대폭 늘려 군사력 강화에 박차를 가했습니다. 하지만 레이건은 그 당시 소련의 군사력이 미국보다 앞서 있어서 단기간에 따라잡기란 불가능하다는 사실을 알고 있었습니다.

사실 소련은 1970년대 내내 국방비로 해마다 엄청난 예산을 쏟아부으면서 군비 경쟁에서 미국을 한참 앞서고 있었습니다. 특히 전략 핵무기에 많은 돈을 투자하면서 핵폭탄 3만 개 이상을 보유하고 있

었습니다. 소련이 보유한 다양한 핵무기 중 대륙 간 탄도 미사일ICBM*
은 미국을 가장 두렵게 만드는 공포의 무기였습니다. 소련에서 발사
한 대륙 간 탄도 미사일은 대기권 밖 우주 공간으로 날아 미국까지
빠른 시간 안에 도달할 수 있고, 불과 몇 십 발만으로도 미국 전역을
초토화할 수 있을 정도로 막강한 파괴력을 보유했습니다.

이에 미국은 소련의 대륙 간 탄도 미사일을 무력화하기 위해 이른
바 '스타워즈 계획'이라 불린 전략 방위 구상SDI을 세우기 시작했습니
다. 스타워즈 계획은 우주 궤도를 돌고 있던 미국의 군사 위성이 우

---

* 장거리 전략 미사일로서 핵탄두를 장착하여 한 대륙에서 다른 대륙까지 대기권 밖을 비행하여 목표물을 파괴하는 탄도 미사일.

주 공간에서 날아오는 미사일을 대기권 밖에서 레이저나 양성자 빔 같은 에너지 무기로 파괴하려고 하는 미국의 계획을 말합니다. 간단히 말하면 소련이 발사한 대륙 간 탄도 미사일을 대기권 밖에서 요격하는 것을 의미합니다.

군사 위성이 우주 공간에서 초강력 레이저 빔을 발사해 소련의 대륙 간 탄도 미사일을 모조리 파괴하면 미국은 더는 소련의 핵 공격을 두려워할 필요가 없기 때문에 소련의 군사적인 우위는 사라지게 됩니다. 이는 마치 공상 과학 영화에서나 나올 법한 이야기였지만, 미국 정부는 스타워즈 계획을 밀어붙였습니다.

1983년 3월 미국 대통령 로널드 레이건은 연설을 통해 스타워즈 계획을 전 세계에 알렸습니다. 그는 "소련이 발사한 미사일이 미국이나 동맹국의 영토에 떨어지기 전에 요격할 수 있다면 무엇이 문제입니까? 미국의 과학 기술력이라면 많은 기술 난제를 충분히 극복할 수 있습니다."라고 말하며 신무기 개발에 대한 자신감을 드러냈습니다.

레이건이 스타워즈 계획을 발표하자 소련이 발칵 뒤집혔습니다. 만약 미국이 우주에서 소련의 핵미사일을 요격할 수 있는 첨단 군사 위성을 개발한다면 그동안 수백조 원을 들여서 만든 소련의 핵무기는 쓸모 없어지기 때문입니다. 소련이 미국에 대해 군사적인 우위를 유지할 수 있는 방법은 미국의 군사 위성을 뚫을 수 있는 핵미사일을 만드는 방법뿐이었습니다. 하지만 미국의 군사 위성을 뚫을 수 있는 핵미사일을 만드는 일에는 상상을 초월하는 돈이 필요했습니다.

소련은 미국의 군사 위성을 뚫고 미국 땅에 핵미사일을 떨어뜨리기 위해 엄청난 양의 핵미사일을 한 번에 쏘아 올리는 방법을 선택했습니다. 무수히 많은 핵미사일을 동시에 발사하면 그중 몇 개는 파괴되지 않고 미국 땅에 도달할 수 있다는 것이 소련 기술자들의 생각이었습니다. 하지만 대륙 간 탄도 미사일 생산에는 대당 수백억 원에 이르는 큰돈이 들기 때문에, 당시 아프가니스탄 전쟁*을 치르고 있던 소련의 입장에서는 대량 생산이 부담될 수밖에 없었습니다.

그런데도 소련 정부는 미국과 벌이는 군비 경쟁에서 주도권을 계속해서 유지하겠다는 욕심으로 핵미사일 대량 생산에 천문학적인 예산을 쏟아부었습니다. 1980년 3만 개에 이르던 소련의 핵미사일은 1986년 4만 5,000개에 달했을 정도로 폭발적으로 늘어났습니다. 이로 인해 재정 상황은 시간이 갈수록 악화되어, 1980년대 중반에 이르러서는 도저히 감당할 수 없는 상태가 되었습니다.

최초이자 마지막인 소련의 대통령, 미하일 고르바초프

1985년 3월에 소련의 최고 지도자 콘스탄틴 체르넨코Konstantin Chernenko가 사망했습니다. 그는 역대 소련 공산당 서기장처럼 미국과 벌이는 극한 대립을 통해 공포 분위기를 조성하며 이를 권력 유지 수

---

* 1979년 소련이 아프가니스탄을 침공해 일어난 아프가니스탄 전쟁은 미국과 소련의 냉전 시대에 소련이 치른 마지막 전쟁이다. 1988년 4월 15일 제네바 평화 협정을 체결하고 소련군은 그해 5월부터 이듬해 2월 15일까지 단계적으로 철군함으로써 9년간 국력을 낭비하고 체면만 손상시킨 소모전을 종식시켰다.

가난한 농부의 아들로 태어난 미하일 고르바초프

단으로 삼다가 급작스럽게 심장마비로 죽었습니다. 그가 사망한 뒤 소련 최고 지도자에 오른 인물이 미하일 고르바초프Mikhail Gorbachev입니다.

1931년 고르바초프는 캅카스Kavkaz 산맥 북쪽 시골 마을에서 농부의 아들로 태어났습니다. 1950년 명문 모스크바 대학 법학과에 진학한 그는 양질의 교육을 받으며 소련 최고 엘리트들과 친분을 쌓았습니다. 그는 대학 졸업 뒤 고향으로 돌아와 공산당 간부로 사회에 첫발을 내디뎠습니다. 명석했던 그는 가는 곳마다 출중한 능력을 선보이며 고속 승진을 거듭해 공산당 내 요직을 두루 거치며 승승장구하는 인생을 살았습니다.

1980년 고르바초프는 공산당 정치국원으로 선출되어 권력의 핵심으로 떠올라 체르넨코 집권 기간에 2인자의 자리에 올랐습니다. 1985년 체르넨코가 사망하면서 54세인 고르바초프는 소련 지도자이자 공산 세계의 수장이라는 막중한 자리에 올랐습니다. 권좌에 오른 고르바초프는 여느 지도자와는 확연히 다른 모습을 보였습니다. 사실 그는 젊은 시절부터 사회주의 사회 체제에 대해 깊은 회의감을 갖고 있었습니다.

그동안 소련 지도자들은 하나같이 서방 진영과 벌이는 대립을 내세워 자신의 권력을 강화하기에 급급했습니다. 원래 사회주의는 평등을 절대 가치로 중시하지만 소련은 극소수 공산당 간부가 부와 권력을 독점하는 기형적인 사회 구조를 이루고 있었습니다. 소련 국민은 아무리 열심히

소련의 개혁을 원했던 미하일 고르바초프

일해도 더 나아질 것이 없다는 점을 누구보다 잘 알고 있었기에 일하는 척만 했습니다. 공산당 정권 역시 국민을 존중하는 마음이라고는 전혀 없었기 때문에 말로는 지상 천국을 만들겠다고 선전했지만 실제로 해 주는 것은 거의 없었습니다.

소련은 미국과 벌이는 군비 경쟁에서 우위를 점하기 위해 해마다 부담할 수 있는 능력을 벗어나는 막대한 군사비를 쏟아부어, 가뜩이나 어려운 나라 살림을 더욱 쪼들리게 했습니다. 더구나 소련은 공산 진영의 중심국으로서 영향력을 행사하기 위해 쓸데없이 외화를 낭비하고 있었습니다. 이를테면 미국과 가까운 거리에 있는 쿠바를 관리하기 위해 쿠바에서 생산한 설탕을 국제 시세보다 훨씬 높은 가격으

로 구입해 주었습니다. 또한 소련에서 생산한 석유를 싼값에 공급하면서 해마다 손실을 수조 원이나 보았습니다. 소련은 영향력 유지를 위해 쿠바뿐 아니라 모든 공산권 국가를 상대로 막대한 무역 수지 적자를 감수했습니다. 이는 결국 경제 파탄을 불러왔습니다. 국가 운영의 효율성이라고는 찾아볼 수 없는 모순으로 가득한 사회였던 소련은 1980년대 들어 발전은 고사하고 퇴보하기에 이르렀습니다.

소련 지도층 인사 대부분은 소련 사회가 지닌 문제점을 잘 알고 개혁의 필요성을 인식했지만 자신들이 입게 될 피해 때문에 개혁을 등한시해 왔습니다. 그러나 고르바초프는 몰락하고 있는 소련의 현실을 두고만 볼 수 없었습니다. 그는 소련의 위기를 극복하기 위해서는 기존의 사회주의 시스템을 과감하게 뜯어고쳐야 한다고 판단해 이를 실행에 옮기려고 했습니다.

거대한 소비에트 연방을 무너뜨린
고르바초프의 개혁 개방 정책, 페레스트로이카

고르바초프는 권좌에 오르자마자 소련 국민에게 기존의 사회주의 폐습에서 벗어나자고 외쳤습니다. 그는 새로운 소련을 만들기 위해 페레스트로이카개혁와 글라스노스트개방 정책을 내세우며 사회주의 소련에 새로운 바람을 불어넣으려고 했습니다. 고르바초프는 우선 종교의 자유를 널리 인정해 주었습니다. 그동안 숨어서 몰래 예배를 보던 러시아 정교회 신자들은 다시 예전처럼 성당에 나가 떳떳하게 신

앙생활을 할 수 있게 되었습니다. 또한 사유 재산 제도를 확대해 나가자 사람들이 퇴근 뒤 황무지를 개간하고 텃밭을 일구어 예전보다는 식량 사정이 나아졌습니다.

1986년 10월 고르바초프는 소련의 과도한 군비를 감축하기 위해 미국 대통령 로널드 레이건과 아이슬란드에서 미소 정상 회담을 요청했을 정도로 적극적인 행보에 나섰습니다. 고르바초프는 레이건에게 양국뿐 아니라 세계를 위해서라도 핵무기 생산을 중단하고 이미 보유하고 있는 핵무기도 대거 감축하자는 제안을 했습니다.

당시 미국과 소련이 보유한 핵무기가 7만 개를 넘는 상황이었기 때문에 반드시 핵무기를 감축해야만 했습니다. 양국이 보유한 핵무기 7만 개 중 수십 개만 사용하더라도 지구는 멸망할 수밖에 없는 상황이

로널드 레이건(왼쪽)과 진솔한 대화를 나누는 미하일 고르바초프

었기에 고르바초프는 핵무기 감축을 주장한 것입니다. 그는 10년 내에 전략 핵무기와 대륙 간 탄도 미사일을 전부 없애자는 파격 제안을 해 미국 측을 깜짝 놀라게 했습니다.

고르바초프가 핵무기 없는 세상을 만들려고 한 데는 과거 그가 경험한 사건이 계기가 되었습니다. 1983년 소련의 조기 경보 레이더가 날아가는 거위 떼의 모습을 미국이 발사한 핵미사일로 오인했습니다. 이에 대응하기 위해 소련은 미국을 향해 핵미사일을 발사하려고 한 적이 있었습니다. 막판에 사실 관계를 파악해 핵미사일을 발사하지는 않았지만 자칫하면 인류 전체가 멸망할 수 있었던 위험하기 짝이 없던 사건이었습니다. 이후 고르바초프는 집무실에 거대한 거위 조각상을 두고 이를 바라보면서 핵전쟁의 위험성을 되새겼습니다.

미소 정상 회담 초반 고르바초프가 핵무기를 감축하자는 건설적인 제안을 해 회담 분위기는 좋게 흘러갔습니다. 레이건도 국방예산 절감 차원에서 핵무기 감축에 호의적이었기 때문입니다. 하지만 정상 회담 중반 고르바초프가 스타워즈 계획의 보류를 미국 측에 요구하자 분위기가 급변했습니다. 레이건은 스타워즈 계획을 포기할 생각이 없었기 때문에 고르바초프의 제안을 일언지하에 거절했습니다. 결국 미소 정상회담은 결렬되고 말았습니다. 미국 측이 스타워즈 계획을 포기할 의사가 없었기 때문에 고르바초프는 군비 감축에 나설 수 없었는데 이는 뒷날 소련 경제 붕괴에 큰 원인으로 작용했습니다.

사실 레이건이 요란하게 스타워즈 계획을 떠들고 다녔지만 실제 기술 개발을 위해 투자한 돈은 그리 많지 않습니다. 할리우드 배우 출신인 레이건은 스타워즈 계획을 이용해 소련을 붕괴시키기 위해 능수능란한 연기를 펼친 것입니다. 스타워즈 계획에 놀란 소련이 실현 불가능한 기술에 막대한 돈을 허비하도록 유도하는 것이 레이건의 목표였습니다. 이를 위해 그는 수시로 방송에 등장해 "스타워즈 계획이 잘 진행되고 있다."라고 주장하면서 소련을 자극했습니다.

소련은 스타워즈 계획을 무력화하기 위해 천문학적인 돈을 쏟아부으며 신형 핵무기 개발에 나섰지만 예산만 낭비하고 끝내 개발에 실패하고 말았습니다. 더구나 아프가니스탄 전쟁이 끝 모를 수렁으로 빠져들면서 많은 인명 피해와 함께 재정 지출이 발생해 국민의 복지를 위해 사용할 예산이 더욱 줄어들었습니다. 이에 먹고 살기 힘들어진 소련 국민의 불만은 하늘을 찌를 듯했고, 1990년대 들어서자 소련 사회주의는 몰락의 길로 접어들었습니다.

소련의 붕괴와 함께한 지도자

1989년 고르바초프는 아프가니스탄에서 처절한 전쟁을 이어 가던 소련군을 전면 철수했습니다. 아프가니스탄 전쟁은 '소련판 베트남 전쟁'이라 불렸을 정도로 10년 가까이 소련을 괴롭혔습니다. 60만 명이 넘는 소련 젊은이가 전쟁에 참여해 공식 사망자만 1만 5천 명에 이를 정도로 엄청난 인명 피해를 불러왔지만, 소련이 얻은 것은 아무 것도 없었습니다.

소련을 몰락으로 몰아넣은 아프가니스탄 전쟁

고르바초프는 공산권 국가의 내정에 더는 간섭하지 않는다고 선언
했습니다. 소련의 군사 위협이 사라진 뒤 더는 소련의 눈치를 볼 필
요가 없게 된 공산 국가들은 사회주의라는 낡은 틀을 벗어던지고 민
주주의와 자본주의를 도입하며 새로운 길을 찾아 나섰습니다.

소련 역시 사회주의 체제를 무너뜨리고 민주주의를 자리 잡기 위
해 노력했습니다. 1990년 3월 고르바초프는 민주 절차에 의해 초대
소련 대통령으로 선출되었습니다. 그해 가을 고르바초프는 세계 평
화에 기여한 공로를 인정받아 노벨평화상을 수상하는 영광을 누렸습
니다. 하지만 1991년 8월 그는 보수 강경파가 주도한 쿠데타로 권좌
에서 쫓겨나는 쓰라림을 맛보기도 했습니다.

쿠데타는 실패로 끝났고 얼마 뒤에 고르바초프가 돌아왔지만, 이

사회주의 소련을 해체시킨 미하일 고르바초프

는 개혁을 반대하는 사람이 의외로 많다는 것을 보여 주는 상징적인 사건이 되었습니다.

이후 고르바초프는 공산당을 전격 해체하고 오랜 세월 동안 계속된 공산당 일당 독재를 종식시키며 소련을 사회주의 국가에서 완전히 탈바꿈시켰습니다. 이로써 제2차 세계대전 이후 계속된 냉전은 미국의 승리로 끝을 맺었으며, 소련은 한때 세계의 절반을 호령하던 나라에서 땅덩어리만 큰 가난한 나라가 되었습니다.

소련에 민주주의를 선물한 고르바초프는 일부 국민에게는 '공산당 일당 독재를 끝낸 위대한 개혁가'라는 좋은 평가를 받지만, 이보다 훨씬 많은 사람에게 '멀쩡한 나라를 서방에 갖다 바친 매국노'라는 상반된 평가를 받고 있습니다. 이처럼 극단적으로 평가가 엇갈리는 인물은 찾아보기 어려운데, 중요한 사실은 그가 없었다면 소련 국민은 더 오랜 기간 사회주의 압제 속에서 시달려야 했다는 점입니다.

취약한 경제력으로 실패한 사회주의

1970년 미국의 국내총생산GDP이 1조 달러 즈음 되었을 때 소련의 국내총생산은 4,300억 달러로 세계 2위였습니다. 당시 세계 3대 경제 대국이었던 일본의 국내총생산은 2,000억 달러로 소련의 절반에도 미치지 못한 상태였기 때문에 소련의 경제력은 미국에 미치지는 못했지만 다른 모든 나라를 압도할 정도로 큰 규모를 자랑했습니다. 게다가 소련은 붕괴할 당시 인구가 미국보다 5,000만 명 많은 2억

8,500만 명인 인구 대국이었습니다.

한때 소련은 수학, 과학 등 여러 분야에서 미국에 앞서면서 서방 세계를 두려움에 떨게 했습니다. 겉으로만 보면 소련은 미국에 버금가는 초강대국이었지만 국민은 한 번도 풍요롭게 살지 못했습니다. 공산당 지도자들은 미국과 벌이는 군사 대결에 열성을 다해 군수 산업 육성에만 열을 올렸기 때문에 정작 국민의 생활필수품은 항상 부족했습니다. 게다가 미국은 소련을 경제적으로 봉쇄하기 위해 서방 국가의 소련에 대한 수출을 철저히 통제했습니다. 이에 소련은 생활필수품 부족 현상을 해결할 방법이 없어 국민의 생활고는 시간이 갈수록 심해졌습니다.

사회주의 소련에서는 부정부패가 만연해 생활필수품이 국민에게

군수 산업 육성에만 열을 올린 소련

생활필수품 부족에 시달리던 소련인들

제대로 분배되지 않고 공산당 간부에 의해 암시장으로 몰래 빼돌려 졌습니다. 정부가 운영하는 가게에는 가판대마다 물건이 없어 텅텅 비어 있었지만 뒷골목으로 가면 빼돌려진 물건이 가득한 모순이 발 생했습니다. 소련 사람들은 살아남기 위해 누구나 할 것 없이 자신의 일터에서 물건을 빼돌려 뒷골목 장마당으로 가지고 나왔고 그럴수록 국가 경제는 비정상적으로 돌아갔습니다.

이와 같이 비정상적인 사회주의 경제 구조를 가지고 있던 소련이 세계 최고 수준의 효율적인 경제 구조를 가진 미국을 감당할 수는 없 었습니다. 즉 소련은 취약한 경제력을 가지고 미국과 무리한 체제 경 쟁을 벌이다가 국가 파산을 맞이한 것입니다.

미국은 사회주의 진영과 46년간 벌인 긴 냉전에서 승자로 남으면서 중국이 국제 무대에 등장하기 전까지 한동안 세계 유일의 초강대국 지위를 누리며 제2의 전성기를 구가했습니다.

2장

한반도에서 일어난 민족 최대의 비극

한국 전쟁

제2차 세계대전의 전후 문제 처리를 위한 얄타 회담

미국은 제2차 세계대전에 참전한 이후 유럽 전선에서는 나치 독일과 아시아 태평양 전선에서는 일본과 맞서며 힘든 싸움을 이어 가고 있었습니다. 독일과 일본 모두 만만한 상대가 아니었기 때문에 미군의 희생은 막대했습니다. 그런데도 모든 국력을 집중해 총력전을 펼치며 미국은 점차 유리한 고지를 점할 수 있게 되었습니다.

유럽 전선에서 미국을 포함한 연합국이 승기를 잡으며 독일의 패전 기미가 보이자, 종전을 앞두고 1945년 2월 연합국 지도자들이 독일을 패배시킨 이후의 관리 문제 등을 논의하기 위해 소련의 크림반도 남쪽 끝 휴양 도시 얄타_{Yalta}에서 회담을 가졌습니다.

얄타 회담은 나치 독일의 항복을 받아 낸 뒤 다른 패전국이나 해방국의 처리 방향을 결정하는 데 목적이 있었지만, 태평양 전쟁과 극동* 문제 등 제2차 세계대전이 초래한 모든 문제를 논의하기 위한 자리였습니다. 회담에는 미국 대통령 프랭클린 루스벨트 , 영국 수상 윈스턴

---

* 유럽의 관점에서 동아시아를 이르는 말. 한국, 중국, 일본이 여기에 속한다.

얄타 회담에 나선 연합국 지도자들

처칠_{Winston Churchill}, 소련 공산당 서기장 이오시프 스탈린이 참석해 격론을 벌였습니다.

　극동 문제에 있어서 미국은 일본의 오랜 식민지 치하에 있던 한국인이 해방 뒤 독립 국가를 운영할 능력이 없다고 판단했습니다. 미국은 한반도를 해방시킨 이후 곧바로 독립 국가를 세우는 대신, 일정 기간 승전국의 신탁 통치*를 통해 국가 운영의 비결을 전수해 주려고 했습니다. 미국이 한반도 신탁 통치안을 소련 측에 제안하자 한반도

---

* 제2차 세계대전 뒤, 국제 연합의 위임을 받은 나라가 일정한 비자치 지역에서 행하는 통치 형태.

문제에 관심이 없었던 스탈린은 미국의 안건을 마지못해 받아들이며 가능한 한 빠른 시간 안에 한반도에 독립 국가가 세워지기를 희망한다고 말했습니다.

미국은 일본과 벌이고 있는 태평양 전쟁에 소련이 참전해 줄 것을 강력히 요구했습니다. 당시 미국은 죽음을 두려워하지 않는 일본군의 저돌적인 공격으로 엄청난 희생자가 발생하는 상황이었습니다. 하지만 스탈린은 대일전에 참가하는 일을 망설였습니다. 제2차 세계 대전 최대 피해국이었던 소련은 나치 독일과 벌인 전쟁으로 군인만 870만 명이 전사했습니다. 민간인까지 합치면 국민 2,700만 명 이상이 전쟁으로 목숨을 잃었습니다. 이런 까닭에 스탈린은 극동까지 소련군을 보낼 처지가 아니었습니다.

그렇지만 미국의 집요한 요구를 더는 거부할 수 없었던 스탈린은 독일이 항복하면 3개월 내에 대일전에 참여하겠다는 약속을 했습니다. 이처럼 얄타 회담의 극동 문제 조항 합의안은 태평양과 만주에서 일본을 패배시키는 데 소련의 참전이 반드시 필요하다는 가정 아래 만들어졌습니다.

1945년 4월 30일 독일의 아돌프 히틀러_{Adolf Hitler}가 지하 벙커에서 자살하면서 더는 전쟁을 치를 수 없었던 나치 독일은 5월 8일 마침내 연합군에 백기를 들었습니다. 독일이 항복함으로써 연합국에 도전하는 나라는 일본만 남게 되었습니다. 미국은 얄타 회담에서 한 약속대로 소련군의 즉각적인 대일본전 참전을 요구했습니다. 하지만 스탈

옥쇄를 각오한 일본군

린은 소련군의 막대한 인명 피해를 우려해 일본과 벌이는 전쟁을 차일피일 미루고 있었습니다.

스탈린이 참전을 머뭇거리자 미국의 고민은 커져만 갔습니다. 당시 일본 천황은 전 국민에게 죽을 때까지 싸우라는 '옥쇄玉碎명령'*을 내린 상태였습니다. 평소 천황을 신으로 받들던 일본인들은 천황의 명령에 따라 마지막 한 사람까지 목숨을 바칠 자세로 미국과 벌이는 전쟁에 임해 양측 모두 엄청난 희생자가 발생하고 있었습니다.

그 무렵 프랭클린 루스벨트의 뒤를 이어 대통령이 된 해리 트루먼의 책상 위에 불길한 보고서 하나가 올라왔습니다. 보고서에는 기존 재래식 무기로 일본을 제압하려면 미군이 최소 100만 명 이상 사망할 것이라는 충격적인 내용이 담겨져 있었습니다. 이는 당시까지 제2차 세계대전에서 전사한 군인 수인 40만 명보다 2배가 넘는 숫자였

---

* 옥쇄는 옥처럼 아름답게 부서진다는 뜻으로 대의나 충절을 위한 깨끗한 죽음을 일컫는데, 당시 일본 제국이 전 국민을 제국주의 침략 전쟁에 총동원하기 위해 사용한 표현이 일억옥쇄였다.

원자 폭탄에 초토화된 일본

습니다.

미국 젊은이의 엄청난 희생을 막기 위해 원자 폭탄 사용을 결정한 해리 트루먼은 결국, 1945년 8월 6일 히로시마에 원자 폭탄을 투하했습니다. 미국의 원자 폭탄 투하는 핵폭탄의 위력만큼이나 국제 사회에 큰 파장을 불러왔습니다. 전 국민을 죽음의 구렁텅이로 몰아넣으면서까지 전쟁을 독려했던 일본 천황은 원자 폭탄으로 인해 자신의 목숨까지 위태로워지자 항복을 생각하게 되었습니다.

원자 폭탄 세례를 받은 일본이 조만간 항복할 것이라는 첩보를 입수한 소련의 스탈린은 8월 8일(한국 시간 8월 9일) 갑자기 일본에게 선전 포고를 했습니다. 이는 종전을 불과 일주일 앞두고 이루어진 참전이었습니다. 소련군은 만주와 한반도에 있는 일본군을 제압하기 위

한반도 북쪽 지역에
무혈입성한
소련군

해 군대를 출병했습니다. 만주를 통해 한반도로 진격한 소련군에게
이미 전의를 상실한 일본군은 별다른 저항을 하지 않았습니다.

한반도 북쪽 지역에 무혈입성한 소련군은 1945년 8월 15일 일본
의 항복과 함께 점령군의 지위를 차지했습니다. 제2차 세계대전이
끝나고 미국과 소련 양국이 북위 38선을 기준으로 남과 북을 분할하
여 한반도를 점령하게 되면서 한반도의 비극이 시작되었습니다.

미국과 소련이 실시한 한반도 분단 정책 때문에 고조되는 전운

스탈린의 눈치작전 덕분에 인명 피해 없이 승전국 지위를 차지한

북위 38도 선을 기준으로 나뉜 한반도

소련은 일본전에서 별로 한 일도 없으면서 전리품을 챙기는 데는 누구보다 민첩했습니다. 스탈린은 38선 이북 지역에 대한 지배권을 확보하기 위해 33세인 김일성을 꼭두각시로 전면에 내세웠습니다. 스탈린이 북한 지도자로 김일성을 선택한 데는 그만한 이유가 있었습니다. 김일성은 권력을 잡기 위해서라면 소련이 시키는 대로 무슨 일이든지 다 할 수 있는 성향인 데다 북한에 정치 기반이 전혀 없어 허수아비로 세워 놓기에 적합한 인물이라고 판단했기 때문입니다.

북한에 주둔한 소련군은 스탈린의 명령에 따라 북한 사람에게 호의를 베풀었습니다. 소련군 장교는 북한 지도층과 자주 접촉하면서 소련에 호의적인 시각을 갖도록 했고, 북한 주민을 위한 음악회도 자주 열어 환심을 사려고 노력했습니다. 시간이 흐를수록 소련군이

소련이 전면에 내세운 김일성

북한 주민에게 동무로 인식되면서 소련의 영향력이 커졌습니다. 이는 소련의 영향력을 확대하고자 했던 스탈린의 계획이 성공한 것입니다.

남한에 주둔한 미군은 시행착오를 거듭했습니다. 미국 입장에서 볼 때 일본군을 항복시킨 것은 무시무시한 위력을 지닌 원자 폭탄이지 한국인의 독립 의지가 아니었습니다. 미군은 목숨 바쳐 독립운동을 펼친 한국의 애국 세력을 무시했습니다. 상하이 대한민국 임시 정부 주석이었던 김구마저 독립운동가나 정치인이 아닌 일반인의 자격으로 겨우 고향에 돌아올 수 있었습니다.

고압적이었던 미군은 남한 사람의 민심을 잡으려는 노력은 거의

하지 않고 그저 원활한 통치를 위해 친일파를 대거 기용했습니다. 일본의 급작스러운 패망으로 가슴 졸이던 친일파들은 미군이 손을 내밀자 일제히 친미파로 변신해 계속 권력을 유지했습니다.

승전국의 신탁 통치에 의한 한반도의 평화는 그다지 오래가지 않았습니다. 스탈린은 얄타 회담에 의거해 1948년 10월 소련군을 철수시키면서 동시에 미군의 철수도 요구했습니다. 스탈린이 북한에서 소련군을 전격 철수시켰던 이유는 그동안 북한에 김일성을 중심으로 한 친소파를 대거 육성해 놓았기 때문입니다. 소련군이 한반도에서 철수함에 따라 미군도 철수할 수밖에 없었습니다.

1948년 말, 결국 한반도에 38선을 그은 장본인은 모두 떠나고 분단을 원하지 않았던 남한과 북한이 총부리를 겨누며 대치하는 기묘한 상황이 연출되었습니다.

사실 38선은 미국과 소련이 지도 위에 자를 대고 인위적으로 그은 선이기 때문에 지형적 특성은 고려되지 않았습니다. 산과 강 위로 그어진 38선은 그 경계가 모호하기 짝이 없었고 불필요한 군사 마찰의 원인이 되었습니다. 상대방의 체제를 인정하지 않는 남과 북의 군대가 38선을 경계로 마주서자 물리적 충돌이 시작되었습니다.

남한과 북한은 서로의 사회 체제를 인정하지 않았기 때문에 적개심은 날이 갈수록 깊어져만 갔고 어느 쪽도 먼저 자제하려 들지 않았습니다. 이처럼 남한과 북한 사이에 증오심만 쌓여 가고 있는 상황에서 소련의 전폭적인 지원 아래 권력 장악에 성공한 김일성은 한걸음

한국 전쟁을 승인받기 위해 소련을 방문한 김일성

더 나아가 남한까지 차지하기 위한 욕심에 사로잡혔습니다.

　1949년 3월 남침을 위해 소련의 군사 도움이 절실했던 김일성은
모스크바로 달려갔습니다. 그는 스탈린을 만난 자리에서 남침을 승
인해 달라고 사정하며 남한과 벌일 전쟁에서 이길 수 있을 정도의 대
규모 군사 지원을 요청했습니다. 김일성은 소련이 무기만 지원해 준
다면 단 3일 안에 전쟁을 끝낼 수 있다고 장담했습니다.

　산전수전을 다 겪은 노회한 스탈린은 허풍만 늘어놓는 김일성의
말에 쉽게 넘어가지 않았습니다. 그는 한바탕 전쟁을 벌이자고 하는
김일성을 점잖게 타이르며, 소련이 아직까지 제2차 세계대전의 참상
에서 벗어나지 못했기 때문에 한반도에서 전쟁을 치를 여력이 없다

고 했습니다. 그 대신 북한에 최신 무기를 무상으로 줄 테니 때를 기다리라고 명령했습니다.

스탈린은 탱크, 대포, 비행기 등 엄청난 무기는 물론 탱크 설계도를 북한에 넘기고 군수 공장을 세울 수 있는 자금도 두둑이 주었습니다. 무기와 돈을 넉넉하게 받고 북한으로 돌아온 김일성은 최신 무기로 북한 군대를 무장시킨 뒤 전쟁을 준비했습니다.

한반도의 운명을 가른 애치슨 선언과 김일성의 남침 계획

김일성은 전쟁에서 확실하게 승리하기 위해 중국 공산당 지도자 마오쩌둥에게도 손을 벌렸습니다. 마오쩌둥은 자신의 권력욕을 채우기 위해 동족을 상대로 전쟁을 일으키려는 김일성을 적극적으로 돕고 싶은 마음이 애당초 없었습니다. 김일성을 난폭하고 무모한 인물이라고 생각한 마오쩌둥은 그의 야욕을 채우기 위해 중국 인민이 목숨을 바칠 이유가 없다고 판단했습니다. 대신 기회주의자인 김일성이 소련에 너무 밀착하는 것을 방지하기 위해 중국 공산군에 소속된 북한 군인을 보내 주었습니다.

당시 중국 공산군에는 적지 않은 수의 한인韓人이 포함되어 있었습니다. 사회주의 사상에 매료된 한인들이 자발적으로 마오쩌둥 밑으로 들어가 장제스蔣介石의 국민당 세력에 맞서 싸웠습니다. 기나긴 국

중국에서 돌아와 북한군의 주축이 된 한인 부대원

공 내전*이 벌어지는 동안 산전수전을 모두 경험한 한인 부대원의 전투력은 막강했는데, 이들이 북한으로 보내져 북한군의 주력 부대가 되었습니다. 중국에서 돌아온 3만 명이 넘는 한인 부대원은 3개 사단에 배치되어 북한군의 전력 강화에 앞장섰습니다.

1949년 10월 소련은 미국에 이어 세계에서 두 번째로 원자 폭탄 개발에 성공했습니다. 이를 계기로 미국의 핵무기 독점 시대는 막을 내리고, 세계는 미국과 소련 두 나라를 중심으로 냉전 체제로 접어들었습니다. 스탈린은 핵무기가 개발되기 이전까지만 하더라도 미국을 몹시 두려워했습니다. 미국이 발사한 핵무기가 모스크바에 떨어지

---

* 중국에서 1920년대부터 시작해서 1945년 항일 전쟁이 끝난 뒤 중국 재건을 둘러싸고 국민당과 공산당 사이에 벌어진 국내 전쟁.

미국에 이어 두 번째로 원자 폭탄 개발에 성공한 소련

는 순간 자신의 운명도 끝난다고 생각했기 때문입니다. 핵무기 개발
에 성공함으로써 스탈린은 한층 더 노골적으로 미국에 맞섰고, 소련
은 공산 세계를 호령하는 맹주
가 되었습니다.

한반도 방위 포기를 선언한 딘 애치슨

　1950년 1월 미국 국무장관 딘
애치슨Dean Acheson은 이른바 '애
치슨 선언'을 발표하며 한반도
를 미국의 군사 방위선에서 제
외했습니다. 그는 기자 회견을
통해 스탈린과 마오쩌둥의 공산
화 야욕을 저지하기 위해 북태

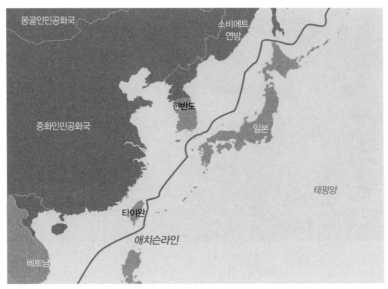

한반도를 방위선에서 제외한 애치슨라인

평양의 알류샨열도-일본 본토-오키나와-필리핀으로 이어지는 애치
슨라인Acheson line*만 지킬 것이며, 군대를 동원해 한반도를 지킬 의사
가 없음을 명확히 밝혔습니다.

미국 정부의 한반도 포기 발언은 남한 사람들을 순식간에 공포의
도가니로 몰아넣었습니다. 대한민국 정부는 미국의 진의를 알아보기
위해 주미 대사에게 긴급 훈령**을 보내 애치슨 발언의 경위를 신속히
조사할 것을 지시했습니다. 하지만 애치슨은 한국이 미국의 극동 방

---

* 애치슨 선언에서 발표된 미국의 동북아시아에 대한 극동 방위선.
** 상급 관청이 하급 관청의 권한 행사를 지시하기 위해 하는 일반 형식의 명령.

위권에서 제외된 이유에 대해 한마디 회답도 보내지 않았습니다. 사회주의 확산을 막기 위해 적극적이었던 미국 공화당이 민주당 출신 애치슨을 강력하게 비난하자, 그는 마지못해 자신의 주장을 철회했습니다.

하지만 애치슨 선언은 전쟁광 김일성을 자극하기에 충분했습니다. 김일성은 애치슨 선언 이후 계속 스탈린에게 남한 침략을 허락해 줄 것을 요구했습니다. 이에 스탈린은 김일성에게 서한을 보내 앞으로 북한을 적극 지원하겠다는 청신호와 함께 조속한 시일 내에 모스크바로 들어올 것을 명령했습니다. 1950년 3월 비밀리에 모스크바를 방문한 김일성은 드디어 스탈린에게서 오랫동안 기다리던 남침 승낙을 받아 냈습니다.

김일성의 남침 계획을 지원한 스탈린의 음모

1949년 10월 1일 장제스가 이끄는 국민당을 물리치고 마오쩌둥의 공산당 정권이 중국 대륙에 들어섰습니다. 인구 7억 명을 보유한 사회주의 국가가 탄생하자 스탈린은 우려의 눈길로 중국을 바라보았습니다. 스탈린은 마오쩌둥이 어떤 인물인지 알아내기 위해 여러 방면으로 노력했지만 도무지 알 수 없었습니다. 열렬한 사회주의자인지, 민족주의자인지, 권력만을 탐하는 독재자인지 정체가 불명확한 마오쩌둥을 결코 신뢰할 수 없는 인물이라고 생각한 스탈린은 마오쩌둥을 경계했습니다.

이에 반해 마오쩌둥은 소련의 원조가 절실했습니다. 중국은 오랫동안 국공 내전, 일본과 벌인 전쟁으로 국토가 피폐할 대로 피폐해져 굶주리는 사람이 도처에 넘쳤습니다. 마오쩌둥은 국가 수립 이전부터 스탈린을 만나려고 지속적으로 면담을 요청했지만 스탈린은 응하지 않았습니다. 스탈린은 무명의 마오쩌둥이 자신과 만난 일을 계기로 삼아 국제 무대에 이름을 알리는 것을 원하지 않았기 때문입니다.

마오쩌둥은 1949년 12월 21일 스탈린의 70회 생일을 이용해 그를 만나고자 했습니다. 당시 모든 공산권 국가에서 스탈린의 생일을 축하하기 위해 대규모 사절을 보내기로 했기 때문에 특별히 마오쩌둥만 오지 못하게 할 수 없었던 스탈린은 마지못해 그의 모스크바 방문을 허락했습니다. 당시 56세였던 마오쩌둥은 처음으로 떠나는 해외 나들이에서 스탈린에게 줄 특별한 선물로 배추, 무, 대파, 죽순 등 중국산 농산물을 열차에 가득히 준비했습니다.

마오쩌둥이 시베리아 횡단 철도를 타고 열흘 만에 모스크바에 도착했지만 스탈린은 마중 나오지 않았습니다. 환영식은 크렘린 궁전이 아닌 낡은 호텔에서 약식으로 진행되었습니다. 스탈린은 의도적으로 마오쩌둥을 푸대접하며 결코 중국은 소련과 동등할 수 없음을 보여 주려고 했습니다. 어렵게 마련된 정상 회담에서 마오쩌둥은 스탈린에게 소련이 만주에서 물러갈 것을 요청했습니다. 마오쩌둥의 만주 반환 요구에 스탈린은 격노해 정상 회담을 일방적으로 중단해 버렸습니다.

이오시프 스탈린의 푸대접을 받은 마오쩌둥

1931년 만주 사변 때부터 군대를 파견한 소련은 제2차 세계대전 종반에는 얄타 회담의 조항에 따라 일본군을 축출하기 위해 군대를 대규모로 만주에 출병시켰는데 종전 뒤에도 만주에 대한 영향력을 계속 유지하려고 했습니다. 스탈린은 친소파 정치인 가오강高崗을 꼭 두각시로 내세워 만주를 지배하고 있었고 마오쩌둥은 이를 종식시켜야 하는 형편이었습니다.

스탈린의 생일잔치가 끝나고 각국 사절단이 모두 돌아갔지만 마오쩌둥은 자신이 원하는 것을 얻을 때까지 소련에서 버틸 생각으로 모스크바 인근의 숙소에 계속 머물렀습니다. 시간이 한참 흐른 뒤 마오쩌둥은 스탈린을 다시 만났습니다. 두 달 동안 마라톤 협상을 하는 과정에서 스탈린은 마오쩌둥에게 북한의 남침 계획을 알리며 중국은 전쟁에 반대하지 말고 북한을 적극 도우라는 압력을 넣었습니다. 무슨

소련의 충실한 앞잡이였던 만주의 가오강

수를 써서라도 만주를 되찾아 야만 했던 마오쩌둥은 소련의 명령을 거절할 수 없는 처지였습니다. 마오쩌둥은 끝내 만주를 돌려받았고, 이로써 북한의 김일성은 전쟁을 일으킬 수 있는 외적 여건을 한층 더 갖추게 되었습니다.

마오쩌둥은 모스크바에서 중국으로 돌아오는 열차 안에서 측근에게 "스탈린에게 무엇인가를 얻어 내는 일은 호랑이 입에 들어 있는 고깃덩어리를 빼내는 것보다 어렵다."라고 말하며 스탈린이 만만하지 않은 인물임을 시사했습니다.

스탈린이 전쟁을 일으키려는 진짜 속셈은 한국 전쟁을 통해 중국과 미국을 한꺼번에 견제하기 위해서였습니다. 스탈린은 세계에서 가장 부유한 미국과 가장 인구가 많은 중국이 힘을 겨루면 장기전으로 갈 것이 분명하고 전쟁을 치르는 동안 엄청난 국력 소모가 있을 것이라 예상했습니다. 또한 중국과 미국이 전쟁을 치르면 서로 원수가 되어 가까워질 수 없기 때문에 소련의 국익에 도움이 될 것이라고 생각했습니다. 이런 이유에서 스탈린은 한국 전쟁이 오랫동안 계속되고 많은 희생자가 나오기를 바랐습니다.

불타는 한반도

1950년 6월 25일 새벽 4시 마침내 한국 전쟁이 일어났습니다. 스탈린의 전폭적인 후원 아래 잘 무장된 북한군에게 한국군은 처음부터 적수가 되지 못했습니다. 파죽지세로 남하한 북한군은 3일 만에 서울을 점령하면서 미국을 비롯한 자유 민주주의 국가들에게 큰 충격을 주었습니다.

북한군의 거침없는 질주에 스탈린 역시 당황하기는 마찬가지였습니다. 한국군이 오합지졸이라는 사실은 알고 있었지만, 그 정도로 약

소련에서 원조받은 탱크를 앞세워 남침하는 북한군

북한군의 남침으로 시작된 한국 전쟁

체일 줄은 몰랐던 것입니다. 한국군에 비해 북한군은 잘 훈련되어 있었고 소련제 최신 무기는 놀라운 위력을 발휘했습니다. 스탈린이 지원한 소련제 T-34 탱크를 한국군은 소총으로 막아 내야 했습니다.

한국 전쟁이 일찍 끝나는 것을 원하지 않았던 스탈린은 장기전으로 끌고 가기 위해 국제 연합UN을 이용했습니다. 한국 전쟁이 일어나자마자 미국 주도로 유엔 안전 보장 이사회(이하 안보리)가 열렸습니다. 당시 유엔 안보리는 미국, 영국, 프랑스, 타이완, 소련 등 5개 상임 이사국으로 구성되었고, 회원국 중 어느 한 국가라도 안건에 반대하면 부결되는 만장일치제였습니다. 이런 까닭에 미국의 고민이 컸습니다. 미국이 자유 민주주의 국가를 규합해 한국에 보내려고 해도 공산 국가 소련이 한반도의 공산화를 위해 반대하면 유엔군을 파

북한의 남침을 규탄하고 유엔군 파견을 결의한 국제 연합

병할 수 없었습니다.

1950년 6월 27일 한국에 유엔군을 파견하는 안건을 두고 유엔 안
보리가 개최되었습니다. 미국은 소련 대표가 회의장에 나와 반대표
를 던질 것이라 예상했지만, 뜻밖에도 소련 대표는 아예 회의장에 나
타나지 않았습니다. 스탈린이 유엔 주재 소련 대사에게 훈령을 보내
안보리 회의장에 나가지 말 것을 명령한 것입니다. 그날 유엔 안보리
는 유엔군의 파병을 의결해 역사상 처음으로 16개국이 참여한 다국
적군을 결성했습니다.

김일성은 스탈린의 배신에 분노를 감추지 못했습니다. 유엔군만 들
어오지 않으면 보름 안에 끝날 전쟁이 끝없는 미궁 속으로 빠져들 상

한국 전쟁에 참전한 미군

황이 되었기 때문입니다. 스탈린은 전쟁 전에 김일성에게 모든 것을
다 해 줄 것처럼 말했지만, 막상 전쟁이 시작되자 북한에 군수 물자를
제대로 지원해 주지 않았습니다. 그는 갖가지 핑계를 대며 북한군을
돕는 데 뜸을 들였습니다. 예측 불가능한 스탈린 때문에 전쟁 수행에
어려움을 겪게 된 김일성은 진군 속도를 늦출 수밖에 없었습니다.

북한이 주춤하고 있는 사이 미군은 신속하게 전쟁 준비를 마치고
한국 전쟁에 참전했습니다. 1950년 7월 1일 미군 선봉대 스미스부대

가 부산에 도착함으로써 미국 지상군의 한국 전쟁 참전이 시작되었습니다. 이후 한반도는 제2차 세계대전 이후 가장 격렬한 전쟁터로 변해 무수히 많은 사람의 무덤이 되어 갔습니다.

용감한 자들 가운데서도 가장 용감한 자_명장 더글라스 맥아더

미국 역사상 가장 위대한 군인 중 한 명으로 손꼽히는 더글라스 맥아더Douglas MacArthur는 1880년 아칸소주 리틀록Little Rock에 있는 병영에서 태어났습니다. 그의 할아버지는 남북 전쟁 때 큰 전공을 세웠고, 전쟁 뒤에는 판사로서 이름을 떨쳤습니다. 아버지 아서 맥아더Arthur MacArthur는 미국-스페인 전쟁에 참전해 수많은 무공을 인정받아 식민지였던 필리핀의 군정 장관*으로 임명되었습니다. 이때부터 맥아더 가문과 아시아의 인연이 시작되었습니다.

맥아더의 어머니 메리 핑크니 하디Mary Pinkney Hardy MacArthur는 남부의 명문가 출신으로

더글라스 맥아더의 어머니 메리 핑크니 하디

---

* 군정을 행하는 군정청의 장관.

교육열이 높아 맥아더에게 어릴 적부터 많은 책을 읽히며 자녀 교육에 온 정성을 다했습니다. 뒷날 여러 분야에서 해박한 지식을 지닌 맥아더가 기획력이 뛰어나고 창의적인 작전을 구상할 수 있었던 것도 어릴 적부터 쉬지 않고 읽은 책의 영향이 컸습니다.

맥아더는 방대한 양의 독서를 바탕으로 중·고등학교 시절 내내 최상위권 성적을 유지했고, 1899년 미국 육군사관학교인 웨스트포인트에 진학했습니다. 미국에서는 웨스트포인트에 진학하기가 하버드 대학에 입학하는 것만큼 힘들며, 웨스트포인트를 졸업하면 엘리트 군인으로 출세 가도를 달릴 수 있습니다. 사관생도 시절 맥아더는 전 과목에서 수석을 차지하는 대기록으로 명성을 날렸습니다.

미국이 낳은 위대한 장군 더글라스 맥아더

제1차 세계대전은 맥아더가 얼마나 용맹스러운 군인인지를 보여 주는 좋은 사례가 되었습니다. 총알이 빗발치는 전쟁터에서도 전투의 선봉에 서서 침착함을 잃지 않았던 그는 부하들의 한없는 존경을 받았습니다. 맥아더는 부하들에게서 '용감한 자들 가운에서도 가장 용감한 자'라는 호칭을 들을 정도로 죽음을 두려워하지 않았으며 자신을 따르는 부하들을 지켰습니다. 또한 최전선에서 독일군과 맞서 싸우며 혁혁한 무공을 끊임없이 세워 은성무공훈장을 7개나 받는 영광을 누렸습니다.

최연소 장군이 된 더글라스 맥아더

탁월한 능력을 인정받은 맥아더는 40세에 최연소 육군 준장*으로 장군의 반열에 올랐습니다. 이후로도 그는 승진에 관한 모든 기록을 갈아치우며 50세에 현역 군인으로서 가장 높은 지위인 육군참모총장이 되었습니다. 1937년 더는 오를 자리가 없었던 맥아더는 퇴역해 예비역** 육군 대장이 되었습니다.

맥아더가 현역으로 복무할 당시 미국 육군 내에서 그의 능력을 따라올 자는 아무도 없었습니다. 오직 능력에 의해서만 부하들을 평가

---

* 장성 계급의 하나.
** 현역을 마친 사람에게 일정한 기간 동안 부여되는 병역.

한 맥아더는 복종심을 끌어내는 데 천부적인 재능을 가진 사람이었습니다. 또한 흐트러진 모습을 절대로 보이지 않는 빈틈없는 완벽주의자이기도 했던 그는 살아 있는 전설과 같은 존재였습니다.

돌아온 맥아더_인천 상륙 작전으로 전세를 뒤바꾸다

퇴역 명장을 현역으로 복귀시킨 사건의 도화선은 '일본의 침략'입니다. 제2차 세계대전이 일어나고 나치 독일이 프랑스를 함락시킨 틈을 이용해 1941년 7월 일본군은 프랑스의 식민지였던 인도차이나반도를 점령하기에 이르렀습니다. 미국은 일본의 침략에 항의하는 동시에 '석유 수출 금지'라는 강력한 경제 제재 조치를 취하며 일본

인도차이나반도를 침공한 일본군

을 압박했습니다.

당시 일본은 미국에서 석유를 거의 전량 수입하고 있었기 때문에 미국의 석유 금수 조치는 일본 경제뿐 아니라 군대에도 막대한 타격을 주었습니다. 일본이 자랑하는 전투기, 전함, 군용 트럭 등 모든 무기가 석유 없이는 고철 덩어리에 지나지 않았습니다.

1941년 7월 미국 대통령 프랭클린 루스벨트는 일본과 벌인 태평양 전쟁에 대비해 아시아와 인연이 깊은 최고의 명장 맥아더를 예비역에서 현역으로 복귀시켰습니다. 같은 해 12월 7일(일본 시간 12월 8일) 일요일 오전 7시 55분, 일본은 하와이 진주만에 정박한 미국 태평양 함대를 무력화하기 위해 선전 포고도 없이 진주만을 선제공격하는 비열한 행동을 서슴지 않았습니다.

필리핀 주재 미국 극동군 최고 사령관이 된 맥아더는 일본과 벌인 전쟁을 진두지휘해 승전을 이끌어 내며 일본 천황으로 하여금 항복 문서에 서명하도록 했습니다. 이후 대일對日 점령 연합군 최고 사령관으로서 도쿄에 주재하면서 일본의 민주화와 자립 재건을 위해 탁월한 업적을 쌓았습니다. 일본이 다시는 전쟁을 일으키지 못하도록 평화 헌법을 제정해 일본의 군대 보유를 원천적으로 금지했습니다. 또한 정경 유착의 근원이었던 재벌을 해체해 경제 민주화를 이루었고 여성 인권 향상에도 관심을 기울여 남녀 평등법을 제정했습니다. 사회 약자를 보호하기 위해 노동조합법을 만들어 노동자의 권익을 보호했습니다.

일본의 항복을 받은 더글라스 맥아더

종전 뒤 천황을 대신해 일본을 다스린 더글라스 맥아더

맥아더의 급진적인 개혁 덕분에 천황 중심의 전근대적이었던 일본 사회는 서구식 민주주의 국가로 거듭났습니다. 각 분야에 해박한 지식을 가지고 있었던 맥아더는 전투만 잘하는 군인이 아니라, 선견지명이 있는 뛰어난 정치 지도자이기도 했습니다.

1950년 6월 25일 한국 전쟁이 일어나자 맥아더는 유엔군 총사령관에 임명되어 한국 전쟁을 총지휘했습니다. 6월 29일 그는 정찰기를 타고 한반도 상공을 돌아보며 작전을 구상했습니다. 당시 한국군이 낙동강 이남으로 퇴각한 상태라 그의 정찰 비행은 위험하기 짝이 없는 일이었습니다. 적군으로 가득한 한반도 상공을 정찰 비행하는 일은 자살행위나 다름없다며 참모들이 만류했지만, 맥아더는 별명그대로 가히 '가장 용감한 자'였습니다. 한반도의 지형지세를 빠짐없이 관찰한 뒤 웬만한 공격으로는 북한군의 기세를 꺾을 수 없다고 판단한 맥아더는 새로운 작전을 구상했습니다. 그것이 바로 그 유명한 '인천 상륙 작전'입니다.

당시 한국군과 유엔군은 북한군의 공격에 밀려 낙동강 이남만을 겨우 차지하고 있었습니다. 만약 낙동강 전선이 무너진다면 모두 부산 앞바다에 빠져 죽어야 할 처지였습니다. 맥아더는 북한군의 거칠 것 없는 진격에 결정적인 일격을 가할 수 있는 가장 효과적인 수단은 대규모 미군 병력으로 인천 앞바다에서 적의 배후를 치는 상륙 작전을 감행하는 것이라고 판단했습니다.

인천을 상륙 지점으로 선택하는 일에 대해 미국 합동 참모 본부와

미군의 전력을 총동원한 인천 상륙 작전

해군 및 해병대 측은 강력하게 반대했습니다. 인천은 수심이 얕고 조수 간만의 차이가 커서 대형 전함이 접근하기에 용이하지 않으며, 이미 북한군의 점령지이기 때문에 대규모 인명 피해가 발생할 수 있어서 상륙 지점으로는 부적합하다는 의견이었습니다.

그러나 맥아더는 인천은 상륙 작전을 감행하기에 불리하기 때문에 적군이 예측할 수 없어서 오히려 상륙 지점으로 적합하다고 주장했습니다. 적의 의표를 찔러서 공격하면 기습 효과를 올릴 수 있다고 맥아더는 반대하는 사람들을 설득했습니다. 실제로 북한군은 인천의 지형을 믿고 이곳을 허술하게 지키고 있었고 미군이 대규모 상륙 작전을 할 것이라고는 생각하지도 못했습니다.

인천 상륙 작전에 나선 미군

인천에 주둔한 북한군을 공격하는 미군 함대

인천 상륙 작전을 지휘하는 더글라스 맥아더

　하지만 사회주의 활동을 펼치면서 전투 경험이 풍부한 중국의 마
오쩌둥은 태평양 전쟁 중 상륙 작전의 대가로 이름을 떨친 맥아더가
반드시 인천을 통해 공격하리라는 사실을 간파하고 있었습니다. 마
오쩌둥은 김일성에게 편지를 보내 사전에 철저한 준비를 하라고 충
고했으나 김일성은 귀담아 듣지 않았습니다. 김일성은 낙동강 이북
까지 진군한 북한군이 곧 부산을 함락하고 전쟁을 끝장낼 기세였기
때문에 인천 따위는 안중에도 없었습니다.

　1950년 9월 15일 바닷물이 차올라 만조가 되는 날, 맥아더는 전투

인천 해안가에 상륙하는 미군

함정 261척에 병력 7만여 명을 동원하여 노르망디 상륙 작전* 이래 최대 규모의 상륙 작전을 펼쳤습니다. 여기에는 한국군 제1해병연대와 육군 제17연대도 참가해 목숨을 바쳐 싸웠습니다. 맥아더는 인천에 상륙하자마자 북한군 사령부가 있는 서울로 진격해 치열한 시가전을 치른 끝에 9월 28일 마침내 서울을 수복했습니다. 적의 허를 찌른 인천 상륙 작전은 대성공을 거두어 전세를 완전히 뒤집었습니다.

낙동강 이북에서 총공격을 감행 중이던 북한군은 서울이 함락되었

---

* 제2차 세계대전 중이던 1944년 6월 6일 미·영 연합군이 독일 치하에 있던 북프랑스의 노르망디 해안에서 감행한 사상 최대의 기습 상륙 작전.

서울을 수복한 미군

다는 소식에 전의를 상실했습니다. 평양에서 서울을 거쳐 낙동강까지 내려오던 보급품이 끊겨 더는 전쟁을 수행할 수 없었기 때문에 북한군은 북한으로 도망치기 바빴습니다. 유엔군이 서울을 수복하자 미국 정부는 질서 회복을 위해 미군이 서울을 다스리는 군정을 실시하려고 했습니다.

하지만 맥아더는 미국에 보낸 전보문에서 '미국의 군정을 반대하고, 서울의 통치권을 이승만 대통령에게 넘기겠다.'라고 주장해 논란을 일으켰습니다. 맥아더는 '이승만 정부는 유엔과 미국에게서 정통성을 인정받은 한반도 내 유일한 정부로서 단 한 번도 기능을 멈춘적이 없습니다. 이곳을 가장 잘 아는 이승만 정부가 서울을 다스리는

이승만과 각별한 사이였던 더글라스 맥아더

것이 순리입니다.'라는 주장을 펼쳐 미국도 결국 맥아더의 의견을 수
용했습니다.

맥아더가 대한민국에 호의적이었던 이유는 대통령 이승만과 개인
적인 친분이 있었기 때문입니다. 이승만이 미국에서 독립운동을 하
던 시절부터 두 사람은 친분이 있었습니다. 이승만은 평소 맥아더를
'믿을 수 있는 친구'로 여겼고, 맥아더 역시 미국 명문 대학 출신의
지식인 이승만을 존경했습니다.

1950년 9월 29일 서울 중앙청에서 거행한 역사적인 환도식에서
맥아더는 이승만과 함께 입장했습니다. 그는 "저는 유엔군을 대표해
이승만 대통령에게 원래의 자리를 돌려줄 수 있게 되어 매우 기쁩니

38선을 넘어 북한의 원산을 공격하는 미군

다. 자비로운 신께서 이승만 대통령에게 고난을 헤쳐 나갈 지혜와 힘을 주시길 진심으로 기원합니다."라는 축사를 통해 이승만에게 힘을 실어 주었습니다. 이승만은 서울을 탈환한 유엔군 장병에게 깊은 감사의 뜻을 표했고, 맥아더에게는 대한민국 최고 훈장인 태극무공훈장을 수여했습니다.

북한군을 38선 이북으로 쫓아 낸 뒤 미국은 고민에 빠졌습니다. 유엔군이 38선 이북으로 진군하면 전면전으로 확장될 수 있기 때문에 미국으로서는 망설일 수밖에 없었습니다. 그러나 이승만은 맥아더에게 북한 주민도 김일성의 압제에서 해방시켜 주어야 한다고 주장했습니다. 대한민국 정부의 주장에 공감한 맥아더는 미국 대통령 해리 트루먼에게 진군을 강력히 요구했습니다. 이대로 전쟁을 끝내면 호전적인 김일성이 유엔군 철수 뒤 군사를 재정비해 다시 남한을 침략할 것이 명백하기 때문에 이번 기회에 반드시 제압해야 한다고 주장했습니다.

해리 트루먼은 맥아더의 제안을 받아들여 38선을 넘도록 전군에 명령했습니다. 유엔군과 한국군은 북한군을 연전 연파하며 10월 20일 북한의 수도 평양을 완전히 장악했습니다. 이후에도 계속 진격해 통일을 눈앞에서 바라보게 되었습니다.

중공군의 끝없는 행진_인해전술 전략

유엔군의 북진에 김일성은 도주하기 바빴습니다. 전쟁에서 패색이 짙어지자 김일성은 또 다른 외세인 중국을 끌어들이기 위해 특사를 파견해 중국의 참전을 요청했습니다. 김일성의 요청을 받은 마오쩌둥은 참전 결정을 내리기 위해 중국 공산당 수뇌부와 상의를 거듭했습니다. 한편 장기전을 원했던 소련의 스탈린은 김일성에게 전문을 보내 만주에 망명 정부*를 세운 뒤 계속 미군과 싸우라는 지령을 내렸습니다.

중국 공산당 수뇌부 중 한국 전쟁에 참여해야 한다고 주장한 사람

---

* 침략, 전쟁, 내전 등으로 본국의 영역 외로 본거지를 옮겨서 일정한 통치 기능을 유지·행사하고 본국을 대표하는 정당 정부로서 여러 외국에 승인되어 있는 정부.

북한군 토벌에 나선 미군

은 소수에 지나지 않았고 대다수가 참전에 반대했습니다. 공산 국가를 세운 지 얼마 되지도 않은 상황에서 세계 최강인 미국과 전쟁을 벌이는 것은 무모한 짓이라고 생각했기 때문입니다. 이때 소련의 스탈린이 마오쩌둥에게 같은 공산 국가인 북한을 적극 도와주라는 압력을 넣었습니다. 마오쩌둥 역시 북한이 없으면 중국에 더 큰 손해가 날 것을 우려해 참전을 결심했습니다.

마오쩌둥은 공산당 수뇌부를 한국 전쟁 참전에 응하도록 설득할 때 '순망치한脣亡齒寒'이라는 논리를 사용했습니다. '입술이 없으면 이가 시린 것처럼 북한이 없으면 중국이 미국에게서 직접적인 위협을 받게 된다.'는 뜻입니다. 마오쩌둥은 남한이 한반도를 통일할 경우 미

미국의 위협을 방지한다는 이유를 들어 한국 전쟁에 동원된 인민 지원군

군이 압록강 유역에 주둔하게 되며, 중국과 국경을 맞대는 최악의 상황이 발생하기 때문에 북한 정권을 도와야 한다고 주장하며 당 지도부를 설득했습니다.

그러나 중공군*이 공식적으로 참전을 선언하면 미국의 원자 폭탄을 맞을 수도 있기 때문에 비밀리에 참전하기로 정했습니다. 이런 이유에서 중공군은 정규군이 아닌 '인민 지원군'이라는 이름을 달고 한국 전쟁에 참여했습니다. 마오쩌둥은 북한을 돕고자 하는 중국 젊은이가 자발적으로 인민 지원군을 만들어 전쟁터에 나갔기 때문에 중

* 중국의 군대인 중국 인민 해방군의 통칭.

한국 전쟁에 불법으로 개입한 중공군

국 정부와는 무관하다는 주장을 펼쳤습니다.

1950년 10월 19일 최소 30만 명 이상인 중공군 선발대가 선전 포고도 없이 압록강을 건넜습니다. 당시 압록강에 있던 다리는 미군의 공습으로 모두 파괴되었기 때문에 중공군은 널빤지로 부교*를 만들어 강을 건넜습니다. 이를 시작으로 전쟁이 끝날 때까지 중공군은 모두 230만 명 이상 한국 전쟁에 참전했습니다.

백전노장인 중공군 총사령관 펑더화이彭德懷는 북한으로 오자마자 김일성을 찾아갔습니다. 당시 김일성은 미군의 폭격을 피해 평안북

---

* 교각을 사용하지 않고 부낭(헤엄을 칠 때 몸이 잘 뜨게 하는 기구)이나 부유물로 가설하는 임시 교량.

중공군 지도자 펑더화이(가운데)

도 탄광의 갱도 속에 숨어 있었습니다. 펑더화이가 목격한 북한군의 사정은 말이 아니었습니다. 수십만 명에 달하던 북한군은 채 3만 명이 되지 않았고, 이마저도 굶주림에 지쳐 있었습니다. 그동안 겁에 질려 웅크리고 있던 김일성은 펑더화이를 보자 감격해 전쟁에 관한 모든 권한을 위임했습니다. 이제 한국 전쟁은 중공군과 미군이 대부분인 유엔군이 벌이는 싸움으로 바뀌었습니다. 이러한 상황은 스탈린이 원하던 국면이었습니다.

중공군은 병력 수를 제외한 모든 면에서 미군의 적수가 되지 못했습니다. 특히 그들은 미국 공군의 폭격을 두려워했습니다. 거대한 B-29 폭격기가 중공군을 상대로 폭탄을 쏟아부으면 축구장 서너 개 크기의 지역이 쑥대밭이 되어 그 누구도 살아남을 수 없었습니다. 펑

중공군을 폭격하는 B-29

더화이는 미군의 공습을 피하기 위해 '두더지 작전'을 사용했습니다. 미국 공군의 정찰 비행에 발각되지 않도록 낮에는 산속에 땅을 파고 숨어 있다가 밤이 되면 미군을 공격하는 방식이었습니다.

두더지 작전은 상당한 효과를 발휘했습니다. 한밤에 아무 때나 꽹과리와 징을 치며 나타나는 중공군은 미군에게 공포의 대상이었습니다. 또한 아무리 죽여도 줄어들지 않는 엄청난 수의 중공군으로 인해 미군은 총알이 모자랄 지경이었습니다. 당시 중국 인구는 7억 명에 육박해 마오쩌둥은 마음만 먹으면 1,000만 명 이상을 병력으로 모을 수 있었습니다. 중공군이 엄청난 수의 병력을 동원해 유엔군을 공격한 전술을 '인해 전술'이라 하는데, 중공군의 인해 전술은 이전까지 일방적이었던 미군의 우세를 뒤집는 역할을 했습니다.

가장 완벽한 철수 작전, 장진호 전투

압록강을 건너온 중공군 30만 명은 서울 방향으로 18만 명, 평안도 방향으로 12만 명씩 두 갈래로 나누어 밤에만 진군했습니다. 유엔군 은 예상하지 못한 중공군의 전쟁 개입에 당황해 하며 후퇴를 거듭했 습니다. 유엔군 중 평안도 방향으로 진군한 미군 해병 1사단은 절체 절명의 위기를 맞았습니다.

미군 해병 1사단은 제2차 세계대전에서 맹활약한 최정예 부대였습 니다. 이 부대를 이끄는 소장 올리버 스미스Oliver Smith는 장병 1만 5,000 명을 이끌고 김일성을 잡기 위해 북한이 임시 수도로 정한 평안도 강 계를 향해 출병한 상태였습니다. 미군 해병대는 '한국의 지붕'이라 불리며 지형이 험하고 춥기로 유명한 개마고원 장진호長津湖에서 중공 군과 맞닥뜨렸습니다.

중공군 12만 명이 미군 해 병 1사단을 궤멸시키기 위해 밤마다 은밀하게 개마고원으 로 이동해 온 것입니다. 미 공 군 정찰기들은 달도 없는 캄 캄한 밤에만 움직인 중공군을 미처 발견할 수 없었습니다. 중공군에게 겹겹이 포위된 미 군 해병대는 독 안에 든 쥐가 되었습니다.

미군 해병 1사단을 이끈 올리버 스미스

유난히 추웠던 1950년 겨울의 장진호

1950년 11월 27일 중공군이 미군 해병대를 공격하며 전투의 서막이 올랐습니다. 압도적인 수적 우위에 있던 중공군은 이번에도 꽹과리를 치며 미 해병대를 공격했습니다. 끝도 없이 밀려드는 중공군에 맞서 미 해병대는 용감히 싸웠지만 중과부적이었고 추운 날씨마저 미군을 괴롭혔습니다. 장진호 전투가 벌어질 당시 개마고원은 밤이 되면 기온이 영하 30~40℃까지 내려갔습니다.

미군의 전투 식량이 추위에 얼어붙어 병사들은 극심한 장염으로 고통받았습니다. 시도 때도 없이 계속되는 중공군의 기습 때문에 밤에 잘 때도 침낭 지퍼를 닫을 수 없었습니다. 총과 대포가 얼어붙어 주기적으로 뜨거운 물로 녹여야 했습니다. 시간이 흐를수록 동사자가 급격히 늘어났고 살아 있는 사람도 동상 때문에 발가락이 썩어 갔

추위로 고통받은 미군

습니다.

낙하산으로 투척되는 보급품은 얼어붙은 지면에 닿는 순간 충격으로 파손되어 25% 정도만 사용이 가능했습니다. 차량 대부분도 추위에 얼어붙어 움직이지 않았습니다. 포위된 상태에서 하루가 다르게 사망자가 속출하자 도쿄에 있던 미군 총사령부도 해병 1사단을 포기하려고 했습니다. 계속되는 눈보라로 미국 공군기가 출격할 수 없게 되자 보급과 공중 폭격 지원이 끊겨 해병 1사단은 최악의 상황에 맞닥뜨렸습니다.

미군 해병대가 살아남을 수 있는 방법은 단 하나, 포위망을 뚫고 험준한 개마고원을 빠져나오는 것뿐이었습니다. 미 해병대는 살기 위

맹추위 속에서 중공군과 격전을 벌이는 미군

해 일제히 돌격해 중공군의 포위망을 뚫는 탈출 작전에 돌입했습니다. 피비린내가 나는 전투 끝에 중공군의 포위망을 겨우 뚫은 미군은 쉬지 않고 빙판길을 40km 달려 고토리古土里라는 곳에 이르렀습니다.

12월 7일 미군 해병대는 고토리에서 기적을 보았습니다. 끊임없이 휘몰아치던 눈보라가 갑자기 멈추면서 밤하늘의 반짝이는 별들이 보였고, 그 별빛 아래 움직이는 모든 사물을 또렷이 볼 수 있었습니다. 기상 상태가 호전되면서 미군 폭격기가 일제히 출격해 밤에도 선명하게 보이는 중공군을 향해 엄청난 양의 폭탄을 쏟아부었습니다. 악천후로 미군기가 뜨지 못할 것이라고 예상한 중공군은 마음 놓고 미 해병대를 공격하다가 폭격 때문에 전멸당하게 됩니다. 미국 공군이

공중 지원을 통해 퇴로를 열어 주자, 미 해병대는 신속하게 개마고원을 빠져나와 안전지대인 흥남까지 이동했습니다.

1950년 11월 27일부터 12월 13일까지 계속된 장진호 전투는 세계 전쟁사에 길이 남는 전투가 되었습니다. 미 해병 1사단은 전사자 3,637명, 동상으로 인한 사망자가 3,657명이 발생했습니다.

중공군은 최소 2만 5,000명 이상이 전사했으며 동사자는 이보다 훨씬 많았습니다. 이로 인해 더는 군사 작전 수행이 불가능했던 중공군은 부대를 재편성하기 위해 후방으로 철수했습니다. 장진호 전투는 일본의 진주만 기습 다음으로 많은 미군 전사자가 발생한 전투였으며 한국 전쟁의 처절함을 상징하는 전투이기도 했습니다.

크리스마스의 기적, 흥남 철수 작전

1950년 겨울 중공군이 물밀듯이 내려오는 바람에 북한 지역까지 밀고 올라갔던 유엔군은 후퇴해야 했습니다. 평양과 서울을 잇는 서부 전선에서 싸우던 유엔군은 육로로 안전하게 후퇴할 수 있었지만, 강원도와 함경도를 잇는 동부 전선은 상황이 나빴습니다. 중공군이 주요 거점이었던 함경남도 원산을 점령하자 그 위쪽까지 치고 올라갔던 유엔군과 국군의 퇴로가 막혔습니다. 더구나 동부 전선은 험준한 산맥이 끊임없이 펼쳐져 있기 때문에 걸어서 후퇴하기가 거의 불가능했습니다.

미국은 궁지에 몰린 10만 명이 넘는 아군 장병을 구출하기 위해 한국 전쟁 최대의 탈출 작전을 감행했습니다. 동부 전선을 따라 함경도까지 진군한 유엔군과 국군 장병을 안전하게 철수시키기 위해 전함뿐 아니라 모든 배를 동원했습니다. 고토리에서 고초를 겪은 미 해병 1사단부터 함경남도 흥남에 집결해 철수를 시작했습니다. 이후 엄청난 양의 전쟁 물자도 배를 통해 남쪽으로 보내졌습니다.

1950년 12월 11일부터 23일까지 병력 10만 명과 장비 600만ᄐ이 성공적으로 철수되어 가고 있었습니다. 미군 철수 막바지 무렵, 무려 10만 명에 육박하는 피난민이 북한 동해안 흥남 부두로 몰려들었습

니다. 김일성의 압제를 두려
위한 북한 주민들은 무작정
부둣가로 몰려와 미군에게 살
려달라고 호소했지만, 중공군
의 공격이 임박해 상황이 여
의치 않았습니다.

이때 등장한 의인이 현봉학
입니다. 함경북도 출신인 현
봉학은 해방 뒤 남한으로 내
려와 세브란스 의전을 졸업한
엘리트였습니다. 그는 한국
전쟁이 일어나자 자원 입대해
미군 제10군단장인 사령관
에드워드 알몬드Edward Almond의
민간인 고문관이 되었습니다.
영어에 능통하고 정직했던 현
봉학은 알몬드의 통역을 맡으
며 성실성을 인정받았습니다.

알몬드가 피난민의 수송에
난색을 표하자 현봉학은 필
사적으로 설득에 나섰습니다.
그는 알몬드에게 "미군이 피

수많은 북한 주민의 목숨을 살린 현봉학

미군 철수를 지휘한 에드워드 알몬드

난민을 데려가지 않으면 그들은 반동분자로 몰려 김일성에게 모두 죽임을 당하게 됩니다."라며 피난민 구출을 간절히 호소했습니다. 현봉학의 계속되는 설득에 알몬드는 마음을 돌려 피난민을 모두 전함에 태우기로 결정했습니다.

문제는 난민은 많은데 전함에 태울 수 있는 사람의 수가 얼마 되지 않는다는 점이었습니다. 알몬드는 수송선에 실었던 식량을 제외한 각종 차량과 무기를 전부 바다에 버리라고 명령했습니다. 당시 수송선에는 전투기용 항공유 등 값비싼 군수 물자가 가득했는데, 사령관이 임의로 버리면 군법 회의에 회부될 수도 있는 상황이었습니다.

피난민 수송을 위해 군수 물자를 포기한 미군

그런데도 모든 책임을 감수하고 피난민을 살리기로 결심한 알몬드의 지시에 따라 미군은 엄청난 양의 값비싼 군수 물자를 바다에 버렸습니다.

12월 23일 흥남 부두를 떠난 마지막 수송선 '매러디스 빅토리Meredith Victory'는 원래 승무원 35명 이외에 겨우 12명 정도를 더 태울 수 있는 화물 전용선이었습니다. 하지만 부둣가에는 아직 1만 4,000명이나 되는 많은 피난민이 남겨져 있었습니다. 선원들에게 "눈에 보이는 모든 사람을 한 명도 빠짐없이 구출하라."고 명령을 내린 레너드 라루Leonard LaRue 선장은 조금이라도 더 많은 피난민을 태우기 위해 항해에 필요하지 않은 모든 것을 버리고 선장실과 기관실에도 피난

남한으로 가기 위해 배에 오르는 피난민들

철수를 완료하자 부두를 폭파하는 미군

민을 태웠습니다. 피난민이 가지고 있던 짐도 모두 버리도록 설득해
결국 모든 사람을 남김없이 배에 태웠습니다.

　매러디스 빅토리는 군수 물자를 바다에 버린 상태에서 피난민 1만
4,000명을 태웠습니다.

　매러디스 빅토리에 피난민을 태울 당시 중공군이 흥남 부두 근처
까지 접근했습니다. 피난민이 모두 승선할 때까지 중공군의 공격을
막기 위해 결사적인 방어에 나선 미군 3사단은 많은 인명 손실을 입
었습니다. 미군을 비롯한 유엔군은 수많은 희생을 감수하면서 불가
능에 가까운 흥남 부두 철수 작전을 감행했습니다. 목숨을 건 이들의

피난민으로 가득한 매러디스 빅토리

크리스마스 기적을 이룬 매러디스 빅토리

헌신적인 노력 덕분에 피난민들은 흥남을 떠날 수 있었고 피난선 안에서는 새 생명이 5명이나 태어나는 경사가 일어났습니다.

매러디스 빅토리는 28시간을 항해한 끝에 12월 24일 부산항에 도착했지만, 피난민 수용소가 만원이라는 이유로 입항을 거절당했습니다. 레너드 라루는 할 수 없이 80.5km를 더 항해해 크리스마스 날인 12월 25일 장승포항에 피난민들을 모두 하선시켰습니다. 공포에 싸여 있던 피난민들은 2박 3일의 항해 동안 비좁은 공간에서 몸을 웅크린 채 배고픔과 극심한 추위에 시달렸으나 단 한 명도 다치거나 죽지 않고 무사히 상륙했습니다. 당시 사람들은 매러디스 빅토리가 해낸 일을 두고 '크리스마스의 기적'이라고 불렀습니다.

"노병은 죽지 않는다, 다만 사라질 뿐이다"

선전 포고도 없이 한국 전쟁에 참전한 중공군의 행위는 명백한 국제법 위반입니다. 맥아더는 재래식 무기를 사용해서는 구름 떼처럼 몰려오는 중공군을 제압할 수 없다고 판단해 마지막 수단을 동원하려고 했습니다. 맥아더가 생각한 최종 해결책은 핵 공격이었습니다. 맥아더는 7억 인구를 가진 중국이 결사 항전 의지로 덤벼드는 현실을 감안할 때 중국에 원자 폭탄을 떨어뜨리는 방법 외에는 달리 해결책이 없다고 생각했습니다. 당시 중국에는 핵무기가 없었기 때문에 핵 보복을 당할 염려도 없는 상태였습니다.

의회에서 미국 국민을 향해
고별 연설을 하는
더글러스 맥아더

1951년 맥아더는 미국 대통령 해리 트루먼에게 원자 폭탄 사용 허가를 요청했습니다. 하지만 정치인이었던 트루먼의 생각은 달랐습니다. 트루먼은 중국에 원자 폭탄을 떨어뜨릴 경우 제3차 세계대전이 일어날 것을 우려했습니다. 원자 폭탄으로 참전 군인이 아닌 민간인 수백만 명이 죽으면 역사에 학살자로 오명을 남기게 되는 점도 트루먼의 마음을 불편하게 만들었습니다. 하지만 맥아더는 미군의 희생을 줄이고 전쟁에서 승리하는 방법은 원자 폭탄 투하밖에 없다는 판단 아래 계속해서 트루먼을 압박했습니다.

1951년 4월 11일 트루먼은 맥아더를 전격 해임했습니다. 맥아더의 갑작스러운 해임 소식은 많은 미국인에게 충격을 주었습니다.

맥아더는 미국 전역에 텔레비전으로 생중계가 되는 가운데 의회에서 고별 연설을 했습니다. 그는 국가를 위해 평생을 바친 자신의 과거를 뒤돌아보며 "노병은 죽지 않습니다. 다만 사라질 뿐입니다."라는 명연설을 끝으로 공직에서 물러났습니다.

맥아더의 고별 연설을 지켜본 국민 수백만 명이 눈물을 흘리며 무대 뒤로 사라지는 영웅을 아쉬워했습니다. 수많은 사람이 백악관에 항의 전화를 걸었고 국민 영웅을 해임한 트루먼은 지지율이 큰 폭으로 하락해 정치적인 영향력이 점차 축소되어 갔습니다.

한국 전쟁은 맥아더의 우려대로 중공군의 인해 전술 때문에 유엔군과 한국군 모두 엄청난 인명 손실을 입었습니다. 미국은 끝도 없이 밀려오는 중공군을 막기 위해 매달 군수 물자를 140만이나 소모해

미국인의 열렬한 사랑을 받았던 더글라스 맥아더

야 했습니다. 140만은 20t짜리 대형 트럭 7만 대 분량으로 서울에서 부산까지 대형 트럭을 일렬로 연결할 수 있는 엄청난 물량입니다. 이처럼 미국은 막대한 비용과 물량을 쏟아붓고도 중공군 때문에 전쟁에서 승리하지 못했습니다.

맥아더는 전쟁에서 승리하지 못해 한반도가 분단 상태로 남게 된 점에 대해 죽기 전까지 한국 사람에게 미안하게 생각했습니다. 1964년 4월 5일 맥아더는 워싱턴 D.C.에 있는 월터 육군 병원에서 84세에 영면에 들어갔습니다.

형제의 나라, 터키의 한국 전쟁 참전

한국 전쟁에는 미국을 포함해 16개국이 참전해 자유 민주주의를 지키기 위해 싸웠습니다. 참전 국가 중 터키는 한민족과 오랜 인연을 내세워 도움의 손길을 내밀었습니다. 삼국 시대부터 한민족과 인연을 맺은 터키의 조상은 한반도 북쪽에서 돌궐족으로 불리며 한민족과 생사를 함께했습니다.

돌궐족은 6세기에는 고구려와 동맹을 맺고 중원*에 자리 잡은 수나라를 견제했고, 7세기에는 당나라에 맞서 싸우기도 했습니다. 하지만 당나라가 동북아시아를 평정하자마자 돌궐족을 혹독하게 탄압

---

* 한족 본래의 생활 영역.

한국과 역사적으로 밀접한 관계에 있었던 터키

하기 시작해 돌궐족은 정든 고향을 버리고 서역*으로 민족 대이동을 하기에 이르렀습니다.

돌궐족이 서역으로 이동하면서 아랍인**과의 광범위한 혼혈이 이루어졌습니다. 이 과정에서 이슬람교를 받아들였고 외모도 아랍인과 비슷해졌습니다. 돌궐족은 최종적으로 소아시아*** 지역에 정착해 튀르크Türk족으로 불리며 셀주크 튀르크, 오스만 튀르크오스만 제국 등 여러 나라를 건국했습니다.

오스만 튀르크는 한때 소아시아 지역뿐만 아니라 북아프리카, 중동, 동유럽 등 3개 대륙에 걸쳐 광범위한 영토를 구축하며 세계적인 제국으로 성장했습니다. 하지만 제1차 세계대전에서 패전국이 되면서 영토와 함께 영향력도 줄었습니다.

1950년 6월 한국 전쟁이 일어날 당시 미국은 유엔을 통해 한국 전

---

* 중국 서쪽에 있던 여러 나라를 통틀어 이르는 말.
** 아랍어를 고유 언어로 쓰는 여러 민족.
*** 아시아 대륙 서쪽 끝에 있는 흑해, 마르마라해, 에게해, 지중해 등에 둘러싸인 반도. 터키 영토의 97%를 차지한다.

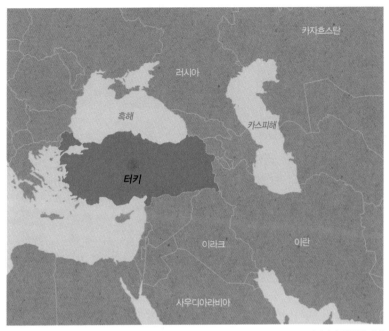

소아시아에 위치한 터키

쟁에 적극 참여해 줄 것을 요청했는데 이때 터키는 망설임 없이 파병을 결정했습니다. 터키는 한국 전쟁에 참전할 군인을 자원병으로 채우기로 하고 전국에 모집 공고를 내걸었습니다. 모집 공고를 할 때만 해도 지원병이 별로 없을 것으로 예측했습니다. 이역만리 한반도까지 목숨을 바치러 갈 젊은이가 그리 많지 않을 것이라고 생각했기 때문입니다.

하지만 5,000여 명을 참전시키려던 예상과는 달리 무려 청년 1만 5,000명이 각지에서 한국 전쟁에 지원해 터키 정부를 놀라게 했습니다. 터키 젊은이는 역사 교과서를 통해 한국과 터키가 오랜 인연을

한국을 돕기 위해 나선 터키 사람들

가진 나라임을 잘 알고 있었기 때문에 선뜻 도우려고 나선 것입니다.

터키 정부는 예상 밖으로 많은 지원자가 나오자 한 번 파병할 때마다 한 마을에서 청년 1명만을 선발해야 했습니다. 터키는 전통적으로 마을 공동체가 발달되어 있어 곤경에 처한 이웃을 서로 돕는 미풍양속이 남아 있는 나라인데, 참전 군인이 죽거나 다쳤을 때 한 마을에서 2명 이상을 감당하기가 벅찼기 때문입니다. 한국 전쟁에 지원한 청년들은 각각 5천 명씩 3개의 보병 여단*으로 구성되어 순차적으로 한국 땅을 밟게 되었습니다.

첫 파병을 위해 터키군을 태운 군함이 항구를 떠나기 전, 터키 사

---

* 보병 대대, 전차, 포병 대대 및 기타 지원 부대로 구성된 전술 부대.

람들의 존경을 받던 이슬람 성
직자들은 군인들을 격려했습니
다. 그들은 "신앙심만이 사회주
의에 저항할 수 있는 유일한 무
기입니다. 소련을 주축으로 한
공산 세력의 침략을 받은 한국
을 돕기 위해 참전하는 것은 성
전을 치르는 일입니다. 만약 여
러분 중 누군가가 전사한다면
위대한 이슬람 순교자로 받아
들여질 것입니다."라고 선언하
며 한국 전쟁의 중요성을 강조
했습니다. 당시 터키군을 이끌

터키의 명장 타하신 야지즈

었던 타하신 야지즈Tahsin Yazici 장군은 제1차 세계대전 때 갈리폴리 해
전에서 연합군을 물리치는 데 혁혁한 전공을 세운 최고의 명장이었
습니다.

　사실 터키 정부가 한국 전쟁에 적극적으로 참여하려는 데는 오랜
친구를 도우려는 마음과 함께 자국의 이익을 추구하려는 목적이 있
었습니다. 터키는 오스만 튀르크 시절부터 슬라브족의 만형 격인 러
시아와 사이가 좋지 않았습니다. 이유는 슬라브족이 살고 있던 동유

럽을 오스만 튀르크가 통치했기 때문입니다. 제정 러시아*는 수시로 크고 작은 도발을 일으키며 오스만 튀르크를 괴롭혔는데 그럴 때마다 오스만 튀르크 사람들은 힘을 합쳐 침략을 막아 냈습니다.

1917년 제정 러시아가 몰락하고 사회주의 소련으로 바뀌자 소련의 위협은 점점 심해졌습니다. 제2차 세계대전 때 소련은 나치 독일과 치열한 전투를 벌이면서 강력한 군사 기반을 확보했습니다. 미국은 나치 독일에 맞서 함께 싸우던 연합군 소련에 엄청난 양의 군사 원조를 했는데, 이를 기반으로 소련의 군수 산업은 크게 발전했습니다. 소련은 전쟁을 계기로 강력해진 군사력을 동원해 인근 국가의 공산화에 나서는 과정에서 터키와 마찰을 빚었습니다.

당시 터키의 국력으로는 팽창주의 노선을 걷고 있던 초강대국 소련을 막아 내기란 불가능에 가까웠습니다. 터키가 소련으로부터 안전할 수 있는 유일한 길은 또 하나의 초강대국 미국의 보호를 받는 것이었습니다. 미국은 제2차 세계대전 직후 사회주의 소련으로부터 서유럽 자유 민주주의 국가를 보호하기 위해 북대서양조약기구를 구성해 활용했습니다. 북대서양조약기구란 미국과 서유럽이 북대서양에 위치하는 지리적 공통성에 근거해, 이들 국가가 유사시 서로 돕기로 약속한 집단 안보 시스템을 말합니다.

터키는 미국과 유럽의 보호를 받기 위해 북대서양조약기구에 가입

---

* 1917년 혁명이 일어나기 이전의 러시아.

유엔군의 일원으로
한국 전쟁에 참전한 터키군

하고자 여러 차례 문을 두드렸지만 매번 문전박대당하는 수모를 겪
었습니다. 서유럽 국가 입장에서 볼 때 터키는 대서양에 접해 있지도
않으며, 종교도 기독교를 믿는 유럽과 달리 이슬람이기 때문에 이질
감이 컸습니다. 게다가 오스만 튀르크 시절 터키는 끊임없이 유럽 세
계를 위협했기 때문에 지난 세월의 앙금도 가시지 않은 상태였습니
다. 이와 같이 터키의 안보가 위기 상황을 맞고 있을 때 한국 전쟁이
일어나 미국은 세계 각국에 참전을 호소했습니다.

　터키는 공산 국가의 침략으로부터 자유 민주주의 국가를 지키겠다
는 대의명분을 내세워 미국과 대한민국을 도우려고 했습니다. 이 같
은 결단은 미국인에게 터키를 맹방으로 인식하도록 만든 계기가 되

었습니다. 미국 정부는 터키의 참전 결정 이후 터키에 대한 전폭적인 경제 지원과 군사 지원을 아끼지 않았습니다. 또한 서유럽 국가들의 반대에도 불구하고 터키를 북대서양조약기구 구성원으로 받아들여, 서구 사회의 일원으로 활동할 수 있도록 도와주었습니다. 한국 전쟁을 계기로 미국과 터키는 둘도 없는 혈맹이 되었습니다.

터키는 하루라도 빨리 군대를 파견하기 위해 제대로 군사 훈련을 받지도 못한 자원병 5,000여 명을 미국이 제공한 수송선에 태워 한국으로 떠나 보냈습니다. 영국과 미국을 제외하고 여단*급 전투 병력을 파병한 나라는 터키와 캐나다뿐이었습니다.

터키군은 항해 기간에 미군 수송선에서 기초 군사 교육을 받았으며 미국이 제공한 무기에 대한 사용 방법을 익히며 전투 준비를 했습니다. 1950년 10월 17일 터키군이 20일간의 거친 항해 끝에 부산항에 도착했습니다. 이는 터키군이 감행한 최초의 해외 파병으로 그들의 조상인 돌궐족이 동북아시아를 떠난 지 천 년도 훨씬 지난 시점의 일이었습니다.

한국 전쟁의 수호천사가 된 용맹한 터키군

1950년 10월 부산에 상륙한 터키군은 미군 제9군단에 배속되어 한반도 지형에 적응할 때까지 후방 경계 임무를 맡다가 같은 해 11월

---

* 군대 조직상의 한 단위 부대.

중공군의 남하를 막아야 했던
터키군

최전방에 배치되어 사활을 건 전투에 본격적으로 참전했습니다. 터키군은 실전에 배치되자마자 중공군의 '한국 전쟁 개입'이라는 엄청난 일을 겪어야 했습니다.

한국 전쟁 개전 이후 패전을 거듭하던 유엔군이 1950년 9월 15일 더글러스 맥아더의 인천 상륙 작전을 기점으로 전세를 단번에 역전한 다음 10월 9일부터는 38선을 넘어 북진을 시작했습니다. 압록강을 경계로 미국과 맞서고 싶지 않았던 중국이 위기감을 느낀 나머지 곧바로 대규모 군대를 파병해 한국 전쟁에 깊숙이 개입하면서 미국과 함께 참전한 터키군은 셀 수 없이 많은 중공군과 싸워야 했습니다.

1950년 11월 터키군은 미군과 함께 평안북도 박천군 군우리에서 북한군을 상대로 전투를 치르고 있었습니다. 군우리는 묘향산 등 험준한 산으로 둘러싸여서 활동하기가 쉽지 않은 곳입니다. 선전 포고도 없이 참전한 중공군은 은밀하게 매복 작전을 펼쳐 미군 제2사단과 터키 제1여단을 완전히 포위하는 데 성공했습니다.

11월 27일 중공군은 독 안에 든 쥐나 다름없던 미군과 터키군을 향해 맹공을 퍼부었습니다. 미군 제2사단은 5배나 많은 중공군이 높은 고지를 선점하고 공격을 가해 오자 속수무책으로 당했습니다. 당시 미군 제2사단에서는 전체 병력의 3분의 1에 해당하는 4천 500명의 사상자가 발생했습니다. 하지만 완전히 포위된 미군과 터키군은 반격은커녕 탈출하기도 쉽지 않아 몰살 위기에 처했습니다. 이때 목숨을 걸고 퇴로를 연 것이 터키군입니다.

터키군은 중공군을 상대로 사흘 밤낮으로 총공격을 감행했습니다. 이로 인해 중공군의 발이 묶이자 그 틈을 타고 미군 제2사단이 포위망을 뚫고 무사히 탈출했습니다. 터키군은 군우리 전투에서 사상자를 무려 700여 명이나 내며 엄청난 희생을 치렀지만, 그들 덕분에 1만 명 넘는 미군이 목숨을 건질 수 있었습니다. 당시 미국 대통령 해리 트루먼은 터키군의 도움에 감동해 한국 전쟁 중 처음으로 터키군에 부대 표창을 하며 깊은 감사의 뜻을 전했습니다.

한국 전쟁에 선전 포고도 없이 개입한 중공군은 인해 전술을 펼치며 1951년 1월 4일 수도 서울을 차지하기에 이르렀습니다. 이에 특단의 대책을 마련해야 했던 유엔군은 1월 25일 서울 수복 작전, 이른바 '선더볼트 Thunderbolt[*]'로 대반격에 나섰습니다. 이때 터키 제1여단은 선더볼트 작전에 참가해 경기도 용인의 금양장리와 151고지를 공격하는 임무를 맡았습니다.

총과 칼을 자유자재로 사용했던 터키군

당시 금양장리와 151고지에는 수만 명에 이르는 중공군이 강력한 방어망을 구축하고 유엔군을 기다리고 있었습니다. 터키군은 처음부터 용감하게 중공군을 밀어붙였습니다. 특히 151고지 전투의 경우, 고지를 장악하고 있던 중공군이 터키군보다 유리한 위치에 있었지만 터키군의 용맹을 이겨 낼 수 없었습니다.

터키군 600명은 151고지를 점령하기 위해 대검을 총에 장착하고 10배나 많은 병력의 중공군과 위험천만한 백병전[**]에 나섰습니다. 151고지를 향해 돌격하는 터키군을 막기 위해 중공군도 필사적으로

* 하늘의 신이 무기로 사용하는 벼락.
** 칼, 창, 총검과 같은 무기를 가지고 적과 직접 몸으로 맞붙어서 싸우는 전투.

적군에게 공포의 대상이던 터키군

달려들었지만 칼을 분신처럼 다루는 오스만 튀르크의 후예를 막을
수는 없었습니다. 터키군의 총칼이 춤을 출 때마다 중공군은 힘 한
번 써 보지 못하고 속절없이 쓰러졌고, 474명에 이르는 중공군이 터
키군의 칼에 목숨을 잃었습니다.

백병전에서 터키군의 상대가 되지 못한다는 사실을 깨달은 중공군
은 151고지를 버리고 도망치기 바빴고 마침내 터키군의 대승으로 전
투가 끝났습니다. 151고지 전투뿐만 아니라 금양장리 전투에서도 터
키군은 중공군을 상대로 압승을 거두어 모두 1,900명 이상의 중공군
을 사살했습니다. 이에 비해 터키군 전사자는 12명에 불과해 금양장

리와 151고지 전투는 한국 전쟁 기간에 벌어진 수많은 전투 중 가장 성공적인 전투로 평가받고 있습니다.

터키군은 용인에서 중공군을 몰아내는 데 성공하며 서울 수복 작전에 큰 기여를 한 공로로 미국 대통령의 두 번째 부대 표창과 아울러 대한민국 대통령의 부대 표창도 받았습니다. 터키군은 전쟁이 끝날 때까지 혁혁한 전과를 올리며 중공군과 북한군을 벌벌 떨게 만들었습니다. 터키군의 용맹에 겁먹은 중공군 사령부가 일선 부대에 '가급적 터키군과 정면 승부를 피할 것'이라는 명령을 내렸을 정도로 터키군은 적군에게 공포의 대상이었습니다.

터키군은 전투에서 용맹했을 뿐 아니라 선행에도 앞장섰습니다. 매달 월급에서 10%를 나누어 내어 대한민국 고아들을 돕는 데 사용했습니다. 그들은 수원에 '앙카라 고아원'을 설립하고 전쟁고아 600여 명을 성심성의껏 돌봤습니다. 터키군 대부분이 무슬림이었던 까닭에 미군이 지급하는 돼지고기 통조림을 모아 고아들에게 나누어 주었습니다. 1953년 한국 전쟁이 휴전된 뒤에도 터키군은 고아원 아이들이 어느 정도 성장한 1966년까지 계속해서 도움의 손길을 내밀었습니다.

총인원 1만 5,000명에 달하는 참전 군인 중 700여 명은 끝내 터키에 있는 고향 마을로 돌아가지 못했습니다. 또한 2,100명이 넘는 젊은이가 크게 다쳐 평생 동안 전쟁 후유증을 앓아야 했습니다. 한국

전쟁 고아에게
따뜻한 사랑을 보낸
터키군

전쟁에서 전사한 터키 용사들은 이슬람 전통에 따라 고국으로 돌아
가지 않고 전투복을 입은 상태로 한국 땅에 묻혔습니다.

종전 뒤 터키로 돌아간 참전 군인은 터키군의 용맹함을 전 세계에
알린 공로를 인정받아 국가 영웅 대접을 받았습니다. 고향 마을에서
도 참전 군인은 주민의 존경을 한 몸에 받았습니다. 오늘날에도 터키
참전 군인의 후손은 선조가 한국 전쟁에 참전해 자유 민주주의를 위
해 싸운 것을 매우 자랑스럽게 여기고 있습니다.

자유 수호를 위해 참전한 에티오피아, 무패 신화의 전설을 만든 강뉴 부대

1950년 7월 미국이 유엔을 통해 전 세계 모든 국가에게 북한군의

침략을 함께 막자고 요청하자 아프리카 대륙에서는 유일하게 에티오피아가 전투병을 파병하기로 결정했습니다. 에티오피아가 참전을 결정한 데는 나름대로 이유가 있었습니다.

1935년 10월 이탈리아의 독재자 베니토 무솔리니Benito Mussolini는 '고대 로마 제국의 영광 재현'이라는 말도 안 되는 슬로건을 내걸고 약소국 에티오피아를 침공했습니다. 당시 에티오피아는 전 세계를 상대로 도움을 요청했지만 막상 도움의 손길을 내미는 나라는 단 한 곳도 없었습니다. 에티오피아 국민은 침략자 이탈리아군을 상대로 목숨을 걸고 싸웠지만 무솔리니는 독가스를 살포해 무려 27만 명에 달하는 에티오피아인을 잔혹하게 학살했고 결국 에티오피아는 이탈리

아프리카 대륙에 위치한
에티오피아

에티오피아를 침공한 이탈리아의 베니토 무솔리니

어려운 상황에서도 한국 전쟁 참전을
결정한 하일레 셀라시에

아에게 주권을 빼앗기는 수모를 당했습니다. 이후 영국의 도움으로 에티오피아는 1941년에 간신히 주권 국가 지위를 되찾았습니다.

1950년 한국 전쟁이 일어날 당시 에티오피아의 경제 사정은 최악이었기 때문에 도저히 다른 나라에 파병할 처지가 아니었습니다. 이탈리아의 식민지가 된 이후 무솔리니 정권에게서 가혹한 수탈을 당해 독립 당시 에티오피아는 피폐하기 그지없었습니다. 하지만 에티오피아의 황제 하일레 셀라시에Haile Selassie는 과거 나라가 위급할 때 도움을 받지 못했던 설움을 잊지 않고 곤경에 처한 대한민국을 도와주려고 했습니다.

셀라시에는 유엔 연설에서

이역만리 대한민국으로 떠나는 에티오피아군

"우리가 힘들 때 아무도 도와주지 않았지만 원망하지 않습니다. 그러나 앞으로 에티오피아 같은 나라가 나오지 않도록 모두가 힘을 모아 대한민국을 도와줍시다."라고 말하며 위기에 처한 대한민국을 돕는 일에 앞장섰습니다.

당시 에티오피아에는 한국으로 보낼 만한 전투력을 갖춘 군대가 없었습니다. 신생국 에티오피아에 군대라고는 황제를 경호하는 근위병밖에 없었지만 황제는 자신의 생명을 지키는 근위병을 기꺼이 내주었습니다. 황제는 영국군을 군사 교관으로 초빙해 황실 근위병의 훈련을 맡겼습니다. 수개월에 걸친 강도 높은 훈련을 마친 뒤 1951년 4월 16일 1진 병력 1,069명이 출전을 위해 수송선 앞에 모

미군과 함께 싸운 에티오피아군

였습니다.

셀라시에는 한국으로 떠나는 장병들에게 "그대들은 오늘 세계 평화를 위해 머나먼 여정을 떠난다. 가서 침략군을 격파해 한반도에 평화를 확립하고 돌아오라. 그대들은 자랑스러운 에티오피아 군인으로서 이길 때까지 싸워라. 그렇지 않으면 죽을 때까지 싸워라."라고 당부했습니다. 셀라시에는 한국 전쟁에 참전하는 부대 이름을 현지어로 '혼돈으로부터의 질서 확립'을 의미하는 '강뉴 Kagnew'라고 명명했습니다.

에티오피아 원정군은 1만 4,500km에 이르는 먼 거리를 21일 동안 항해한 끝에 5월 6일 부산항에 도착해 미군 7사단에 배속되어 곧바

최전방에서 적군에 맞서는 강뉴 부대

로 실전에 투입되었습니다. 강뉴 부대는 험준하기로 소문난 강원도 철원 최전방 지대에 배치되어 중공군, 북한군에 맞섰습니다. 실전에 나선 강뉴 부대는 적군과 벌인 교전에서 단 한 차례의 패배도 없이 전승을 거두며 에티오피아 군인의 용맹함을 보여 주었습니다.

겨울이 되자 에티오피아군은 추위로 고통받기 시작했습니다. 강원도 산간 지역은 겨울철에는 기온이 영하 20~30℃까지 내려가는데 무더운 아프리카에서 온 에티오피아 군인에게 이러한 추위는 적군보다 더 무서운 존재였습니다. 그들은 태어나서 처음 보는 눈보라를 헤치며 적군과 싸웠습니다. 강뉴 부대는 크고 작은 253차례의 전투에서 모두 승리를 거둠으로써 한국 전쟁사에 길이 남는 기록을 세웠습니다.

에티오피아인의 용맹함을 보여 준 강뉴 부대

강뉴 부대는 황제가 부탁한 것처럼 항복을 선택하느니 끝까지 항전하다가 죽음을 선택했고, 부상병이 생기면 그냥 놔두는 법이 없이 반드시 함께 전쟁터를 벗어났습니다. 한국 전쟁에 참전한 연인원 6천여 명의 에티오피아 청년 가운데 124명은 전사하고 536명이 크고 작은 부상을 입었지만, 단 한 명도 적군에게 항복하거나 포로가 되지 않았습니다.

한국 전쟁이 끝나고 군인들이 귀국하자 셀라시에는 자유 민주주의를 지키기 위해 명예롭게 싸운 군인들에게 땅과 집을 하사했으며 그 밖에도 많은 혜택을 베풀었습니다. 참전 군인은 '코리아 사파르_{Korea Sefer, 한국 마을}'라는 마을 공동체를 이루고 함께 모여 살았으며, 이들은 에티오피아 내에서는 존경받는 집단이자 경제적으로 부유한 층에 속했습니다.

하지만 1974년 사회주의를 추종하던 군인들이 쿠데타를 일으켜 셀라시에를 독살하고 에티오피아를 공산 국가로 만들면서 참전 군인들의 운명이 바뀌었습니다. 공산화된 에티오피아는 대한민국과 단교한 뒤 북한과 밀착하기 시작했습니다. 이로 인해 새로운 동맹국인 북한에 총부리를 겨누었던 참전 군인들은 애국자에서 한순간에 반동분자로 전락하고 말았습니다.

이후 참전 군인들은 전 재산을 빼앗기고 직장에서 쫓겨나는 등 인고의 세월을 거쳐야 했습니다. 수많은 참전 군인이 모진 핍박을 견디다 못해 다른 나라로 망명을 떠났고, 그 후손은 매국노 취급을 받으며 따돌림당하기 일쑤였습니다. 용맹하기 그지없던 에티오피아 참전 군인의 여생은 국민 영웅으로 추앙받은 터키군과 달리 순탄치 않았습니다.

에티오피아는 사회주의 정권이 들어선 이후 더욱 가난해졌으며 가뭄과 기근이 반복되면서 수백만 명이 굶어 죽는 끔찍한 빈곤의 땅으로 전락했습니다. 오늘날 '코리아 사파르'는 가뜩이나 못사는 에티오피아에서도 대표적인 빈민촌으로 악명을 떨치고 있으며 참전 군인들의 후손이 모여 하루하루 힘든 삶을 이어가고 있습니다.

미국과 소련의 격전장이 된 한반도

한국 전쟁은 제2차 세계대전 이후 미국과 소련 사이에 벌어진 냉전의 연장선상에서 일어났습니다. 미국과 소련이 치열한 체제 경쟁을 펼치는 동안 한국뿐 아니라 남아메리카, 아프리카, 아시아 등 전 세계 곳곳에서 치열한 대리전이 펼쳐졌습니다.

미국과 소련은 군사 우위를 확보하기 위해 천문학적인 돈을 첨단 무기 개발비로 사용해 이전에 없던 새로운 무기가 쏟아져 나왔습니다. 한국 전쟁 역시 신무기 경연장이나 다름없었습니다. 한국 전쟁 초기 북한의 맹렬한 기세에도 불구하고 남한이 공산화되지 않았던 이유는 미군의 압도적인 공군력이 있었기 때문입니다.

미국은 제2차 세계대전 기간에 큰 활약을 펼친 초대형 B-29 폭격기를 대거 동원해 북한군 머리 위에 폭탄을 퍼부었습니다. B-29 폭격기는 북한군이 대낮에 이동할 수 없도록 만들어 북한군의 활동력을 떨어뜨렸습니다.

폭격기란 거대한 비행기 동체에 폭탄을 잔뜩 싣고 적진에 폭탄을 투하할 목적으로 만들어진 비행기로 속도가 느려, 몸체가 작고 재빠른 전투기의 표적이 되기 십상입니다. 따라서 움직임이 둔한 B-29 폭격기를 호위하기 위해 프로펠러 전투기 중 최고 성능을 갖춘 P-51 머스탱이 함께 나섰습니다. 두 비행기는 한 조를 이루어 북한군에 치명적인 타격을 주었습니다.

장기전을 원했던 스탈린은 마음껏 하늘을 휘젓고 다니는 미 공군기를 두고만 볼 수는 없었습니다. 그는 1950년 11월 한국 전쟁에 소련 공군을 은밀하게 참전시키기로 결심하고 북한 접경 지역에 대규

한반도 하늘을 지배한 P-51 머스탱

모 공군 기지를 건설했습니다. 스탈린은 소련이 전쟁에 참여한 사실을 미국이 알게 될 경우 일어날 엄청난 파장을 우려해 참전 사실을 철저히 비밀에 부쳤습니다.

만일 비행기 추락으로 생포될 경우 극약을 먹고 현장에서 자살하도록 명령을 내렸습니다. 소련 공군 조종사들에게 중공군 전투복을 입히고 전투기에는 북한군 마크를 붙였습니다. 또한 소련 전투기 간의 상호 교신에서도 러시아어 대신 사전에 교육한 한국어를 사용하도록 했습니다.

스탈린은 한국 전쟁을 신무기 성능 시험의 기회로 여겨 그동안 비밀리에 개발한 제트 전투기 미그 15를 처음으로 실전에 투입했습니다.

미그 15는 프로펠러기의 약점을 극복하기 위해 나치 독일이 개발

한국 전쟁에서 처음으로 선보인 미그 15

한 첨단 전투기입니다. 제트 전투기는 프로펠러기보다 속도가 월등히 빨라 자유자재로 공중전을 펼칠 수 있었습니다. 제2차 세계대전 당시 히틀러는 공군력의 열세를 만회하기 위해 독일의 뛰어난 과학 기술자를 총동원해 제트 전투기를 개발했습니다. 아쉽게도 개발이 너무 늦어지는 바람에 생산량이 적어 전쟁의 흐름을 바꿔 놓는 데는 실패했지만, 제트 전투기의 엄청난 위력을 지켜보던 미국과 소련은 큰 충격을 받았습니다. 제2차 세계대전 종전과 더불어 양국은 제트 전투기 개발을 담당한 나치 과학 기술자를 두고 쟁탈전을 벌여, 이들을 주축으로 비밀리에 제트 전투기 개발에 나섰습니다.

스탈린이 비밀리에 개발한 미그 15는 성능이 매우 뛰어나 프로펠러기 P-51 머스탱을 하늘에서 손쉽게 제압했습니다. 미 공군기들이 시속 1,000km 넘는 속력으로 덤벼드는 미그 15에게 속절없이 격추당하자 미국도 비장의 무기를 꺼내들었습니다. 미국 역시 나치 과학자의 주도로 개발한 F-86 세이버 제트 전투기를 한국 전쟁에 투입하면서 한반도 상공은 미소 간의 불꽃 튀는 격전의 장으로 변했습니다.

미그 15와 F-86 세이버는 모두 나치 독일의 기술을 기반으로 했기 때문에 기체 성능 차이는 크게 나지 않았지만 조종사의 능력 차이는 컸습니다. 미국 조종사는 평소 충분한 훈련을 받아 최고의 비행 기술을 습득한 상태였지만, 경제적 여유가 없었던 소련은 조종사에게 충분한 연습 기회를 주지 못했습니다. 훈련 비행의 차이는 조종사의 기량 차이로 드러나, 미국은 소련과 벌인 공중전에서 10대 1의 우위를 보였습니다.

스탈린은 1950년부터 1953년 7월까지 1,000명이 넘는 소련군 조

순식간에 대량 생산되어 한국에 배치된 F-86 세이버

미그 15와 치열한 공중전을 벌인
F-86 세이버

북한군 조종사를 통해 미군이 획득한 미그 15

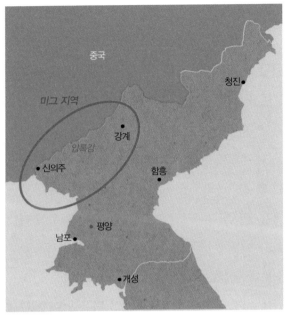

중국

청진 •

미그 지역

• 강계
압록강

• 신의주

• 함흥

미그 15가
미군 전투기와
격전을 벌인 지역

평양
• 남포 •

• 개성

종사를 참전시키면서까지 한국 전쟁을 장기전으로 몰아가려고 했습니다. 세계 최고 수준의 미 공군 조종사들은 한국 전쟁 기간에 무려미그 15를 792대나 격추했지만, 소련 공군은 F-86 세이버를 78대 격추하는데 그쳤습니다.

미국 정부는 미그 15를 손에 넣기 위해 당시로서는 거액인 상금 10만 달러, 미국 시민권 보장, 일류 대학 진학 등 여러 가지 좋은 조건을 내걸었습니다. 이를 노린 북한군 조종사 1명이 한국 전쟁 끝자락인 1953년에 미그 15를 몰고 남한으로 내려온 덕분에 미국은 미그 15의 장단점을 속속들이 알게 되었습니다.

또 다른 전쟁터가 된 거제도 포로수용소

1950년 9월 15일 인천 상륙 작전이 성공하자 낙동강까지 내려와 있던 북한군은 낙동강 이남의 유엔군과 인천에 상륙한 미군의 양면 공격을 받게 되었습니다. 퇴로가 끊긴 북한군은 필사적으로 저항했지만 수만 명이 생포되거나 투항해 전쟁 포로가 되었습니다. 유엔군은 대량으로 발생한 북한군 포로를 수용하기 위해 경상남도 거제도에 초대형 포로수용소를 세웠습니다.

거제도는 물과 토지가 넉넉한 데다 기온이 따뜻해 동사할 위험이 없기 때문에 대규모 수용소를 짓기에 적격이었습니다. 시간이 지날수록 포로수용소에 수용되는 북한군과 중공군 포로는 늘어났고 1952년에 이르자 그 수가 무려 17만 명을 넘어섰습니다. 유엔군은 '포로에 관한 제네바 협정'에 따라 포로들에게 충분한 의식주를 제공하며

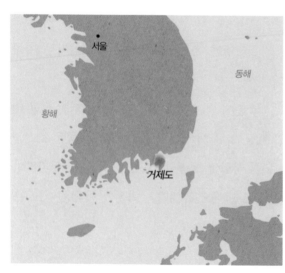

포로수용소가 있었던
거제도

규정대로 대우해 주었습니다.

유엔군은 포로를 수용하면서 한 가지 큰 실수를 했습니다. 북한군을 모두 사회주의자로 간주해 별다른 분류 기준 없이 한곳에 몰아넣은 것입니다. 사실 한국 전쟁에 참전한 북한군 모두가 사회주의자는 아니었습니다. 북한 김일성은 전쟁을 승리로 이끌기 위해 총을 들 수 있는 남성을 모두 징집해 전쟁에 참전시켰습니다. 논에서 농사를 짓던 농부, 학교에 등교하던 학생 등 닥치는 대로 전쟁터로 내보냈기 때문에 강제로 끌려온 이들이 북한 정권에 대해 좋은 감정을 가질 리 없었습니다.

포로수용소에 갇힌 상당수가 사회주의에 대해 반감을 가지고 있었

허술하게 관리되었던 거제도 포로수용소

기 때문에 종전 뒤 북한으로 돌아갈 생각이 없었습니다. 물론 김일성
도 이 점을 잘 알고 있었습니다. 김일성은 종전 뒤 북한 재건을 위해
포로들이 반드시 필요했기 때문에 거제도에 수용된 포로를 통제하려
고 했습니다. 이를 위해 김일성은 골수 사회주의자를 거짓으로 항복
시켜 포로수용소에 잠입하게 하는 방법을 적극 활용했습니다.

　포로수용소에 잠입한 김일성의 첩자들은 공산 세력을 결집해 수용
소 내에 있는 반反사회주의자를 탄압하기 시작했습니다. 사회주의자
와 반사회주의자가 분리되지 않은 상태로 같은 막사에서 생활했기
때문에 양 세력 간의 마찰은 불가피했습니다. 이로 인해 포로수용소
는 하루도 조용할 날이 없었습니다.

　포로수용소를 운영하던 미군은 내부에 북한군 스파이가 잠입해 있

다는 사실을 눈치 채지 못한 채 수수방관했습니다.

비인간적이고 잔혹했던 공산 세력은 막사 내의 반사회주의자에게 무지막지한 폭력을 가하는 것은 물론, 틈만 나면 살해를 일삼았습니다. 살해 뒤 미군에게 들키지 않기 위해 시체를 훼손하여 분뇨 통에 넣어 외부로 반출했습니다. 포로 17만 명이 만들어 내는 많은 양의 배설물을 처리하기 위해 날마다 포로 중 일부가 분뇨 통을 들고 바다로 나가 오물을 버렸습니다. 사회주의 세력은 이 점을 이용해 살해한 시신을 외부로 반출했으며 한동안 미군의 눈을 감쪽같이 속였습니다.

어느 날 포로가 분뇨를 나르던 중 실수로 통을 엎지르는 바람에 미군에게 모든 사실이 들통나고 말았습니다. 하지만 미군은 포로 사이에서 벌어지는 살인 행위를 대수롭지 않게 여겼습니다. 미군 입장에서 볼 때 죽이는 자나 죽임을 당하는 자 모두 북한군에 지나지 않았기 때문입니다. 이는 시간이 흐를수록 더 큰 문제를 불러왔습니다.

1952년 5월 사회주의 포로들은 자신들이 가진 막강한 힘을 과시하기 위해 포로수용소

포로에게 사로잡힌 프랜시스 도드

총책임자 준장 프랜시스 도드Francis Dodd를 납치하려는 음모를 꾸몄습니다. 5월 7일 사회주의 포로들이 갑자기 누군가가 자신들이 먹는 밥에 독약을 넣었다고 소란을 일으키며 포로수용소장과 하는 면담을 요구했습니다. 평소 포로 대표단의 요청이 있으면 면담을 가졌던 도드는 별다른 의심 없이 철조망을 사이에 두고 포로들과 이야기를 나누었습니다.

이때 분뇨를 바다에 버리고 수용소로 돌아오던 포로들이 도드를 철조망 안으로 끌고 들어갔습니다. 이것은 세계 전쟁 역사상 처음 있는 일로서 포로수용소장이 포로가 되는 어처구니없는 상황이었습니다. 사회주의 포로들은 미리 준비해 둔 현수막을 미군들이 잘 보이는 곳에 내걸었습니다. 현수막에는 '우리가 도드를 포로로 잡았다. 우리의 요구를 받아 줄 경우 도드의 안전을 보장하겠다. 하지만 우리의 요구를 받아 주지 않거나 무력을 동원해 도드를 구출하려고 한다면 그를 살해할 것이다.'라고 쓰여 있었습니다.

도드가 생포된 사실이 미군 수뇌부에 알려지자 미군 전체가 발칵 뒤집혔습니다. 당시 유엔군 총사령관이자 미군인

거제도 포로수용소 난동을
강제 진압하고자 한 매슈 리지웨이

장군 매슈 리지웨이Matthew Bunker Ridgway는 후임 포로수용소장으로 준장 찰스 콜슨Charles Colson을 임명한 다음 도드가 살해되더라도 포로수용소의 질서를 바로잡을 것을 하명했습니다. 필요하다면 무력을 총동원해서라도 기강을 바로 세워야 다시는 비슷한 일이 반복되지 않을 것이라며 강경 진압을 명령했습니다.

하지만 신임 포로수용소장 콜슨은 소심해서 사회주의 포로들에게 질질 끌려 다니기에 바빴습니다. 사회주의 포로들은 자신들이 저지른 일에 대해 대의명분을 내세우기 위해 콜슨에게 그동안 포로수용소에서 미군이 포로를 학대했다는 거짓된 사실을 인정하도록 압력을 가했습니다. 또한 반사회주의 포로를 포함한 수용소 내 모든 포로를 북한으로 돌려보내 줄 것을 요구했습니다.

콜슨은 도드를 무사히 구출해야 한다는 생각에 사로잡혀 사회주의 포로들의 요구 사항을 모두 들어주는 실수를 범했습니다. 도드는 납치된 지 78시간 만에 풀려났지만, 이로 인해 사회주의 포로들의 납치 행위가 정당화되면서 미국의 입장이 우스워졌습니다. 이 사실을 접한 리지웨이는 화가 머리끝까지 치밀어 올라 도드와 콜슨 모두를 대령으로 강등하는

포로수용소의 군기를 바로잡은 헤이든 보트너

문책을 단행했습니다.

　이후 신임 포로수용소장이 된 준장 헤이든 보트너Haydon boatner는 수용소의 질서를 바로잡기 위해 무력을 동원하는 데 주저함이 없었습니다. 그가 포로수용소를 지키던 미군의 군기를 바로잡고 엄격하게 관리하자 사회주의 포로들의 기세가 예전에 비해 위축될 수밖에 없었습니다.

　이 사실을 알게 된 김일성은 한날한시에 대규모 폭동을 일으켜 포로수용소를 집단 탈출하라는 명령을 하달했습니다. 이에 사회주의 포로들은 죽창 3,000개, 칼 4,500자루, 가솔린으로 만든 폭탄 1,000

포로들이 사용한
각종 무기들

헤이든 보트너의 소탕작전 이후 급속한 안정을 찾은 포로수용소

개 등 미군을 살해할 무기를 은밀히 마련해 1952년 6월 안에 사상 최
대의 포로수용소 탈출을 실행하기로 계획했습니다.

하지만 헤이든 보트너는 만만한 사람이 아니었습니다. 1952년 6월
10일 새벽 보트너는 미군들을 완전 무장시키고 탱크까지 동원해 포
로수용소로 진격해 들어갔습니다. 목표는 사회주의 포로들의 사령부
역할을 하는 76수용소를 장악하는 것이었습니다. 미군의 갑작스러운
등장에 크게 놀란 사회주의 포로들은 자신들의 탈출 계획이 들통 나
지 않도록 1,500여 명이 막사마다 불을 질러 수용소 안을 불바다로
만들려고 했습니다.

또한 그동안 몰래 마련한 죽창과 식칼을 들고 미군을 살해하려고
했지만, 탱크를 앞세우고 기관총으로 무장한 미군의 적수는 될 수 없

었습니다. 미군에게 저항하던 포로 30여 명이 사살되었고 수백 명이 크게 다치는 유혈 사태가 발생했지만, 보트너 소장은 끝을 볼 때까지 작전을 중단하지 않았습니다.

결국 북한에서 보낸 스파이의 소굴이었던 76수용소가 미군의 손에 떨어져, 그곳에 숨겨 놓은 각종 무기와 탈출 계획서 등 온갖 기밀 서류가 발각되었습니다. 보트너는 포로수용소를 무력으로 완전히 제압한 뒤 포로들을 일일이 조사하여 사회주의자인지, 반사회주의자인지 구분해 격리 수용하도록 했습니다. 이 같은 조치는 악질적인 사회주의 포로에게서 반사회주의 포로를 보호하기 위한 방안이었습니다. 보트너가 엄격하게 관리하자 포로수용소는 급속히 질서와 안정을 찾았습니다.

대통령 이승만의 결단, 반공 포로 탈주 작전

1953년에 접어들자 한국 전쟁은 그 끝을 향해 가고 있었습니다. 사실 1951년 7월 10일 처음으로 양측 간에 휴전 협상이 시작되면서 전쟁이 머지않아 끝날 것으로 예상했으나, 한 치의 양보도 하지 않으려는 양측 간의 팽팽한 줄다리기가 계속되어 정전 협상은 지루한 공방을 이어갔습니다. 물론 이 기간에 양측이 전투를 완전히 중단한 것은 아닙니다. 양측은 휴전 협상을 조금이라도 유리하게 이끌기 위해 소모적인 공격을 지속해 사상자가 속출하기도 했습니다.

전쟁 포로 송환 문제는 휴전 협상이 길어지는 데 가장 큰 영향을 끼칠 정도로 양측 간 이해관계가 첨예하게 대립한 분야였습니다. 북한은 국제법에 따라 북한군 포로 전부를 북한으로 보낼 것을 요구했지만, 미국은 반공 포로가 북한으로 송환될 경우 김일성에게 죽임을 당할 것을 염려해 망설이고 있었습니다. 하지만 국제법상 북한군 포로는 모두 예외 없이 북한으로 돌려보내야 하기 때문에 미국은 북한의 요구대로 포로를 돌려보내기로 결정한 상태에서, 내부적으로 적당한 때를 정하는 일만 남겨두고 있었습니다.

대한민국 대통령 이승만의 생각은 미국과 크게 달랐습니다. 반공 포로가 북한으로 송환되면 집단 학살을 당할 것이 분명하기 때문에

포로들에게 선택권을 주려 했던 이승만

북한으로 돌려보낼 수 없었습니다. 더구나 대한민국은 국제 연합이 인정한 한반도 내 유일한 합법 정부로서 대한민국 헌법에 따르면 북한 사람도 모두 대한민국 사람이었습니다. 따라서 이승만은 북한군 포로 중 반사회주의 사상을 지닌 사람만이라도 대한민국에 남을 수 있도록 도우려고 했습니다. 그는 국제법보다 중요한 것이 포로의 인권이라 주장하며 북한으로 강제 송환되는 것을 막아 달라는 요청을 미국에 지속적으로 했습니다.

미국도 처음에는 이승만의 의견에 동의해 반사회주의 포로를 지켜 주려고 했지만, 북한의 강력한 요구와 국제법 규정 때문에 어쩔 수 없이 반공 포로를 북한으로 보내야 했습니다. 미국은 고심 끝에 송환에 반대하는 반공 포로에게 엄격한 심사를 거쳐 대한민국도 북한도 아닌 중립국으로 갈 수 있는 기회를 주기로 결정했습니다. 수많은 포로 중에서 76명은 중립국으로 가기를 원했고, 그들은 한국 전쟁에 관여하지 않은 인도로 떠났습니다.

중립국을 택한 포로들은 반사회주의자로서 북한으로 돌아갈 경우 혹독한 처벌을 받을 것이 두렵고 대한민국에도 연고가 없는 사람들이었습니다. 이들은 연고가 없는 대한민국에 살면서 과거 인민군 포로였다는 사실로 인해 주변의 손가락질을 받고 살기보다는 차라리 아무도 모르는 중립국으로 가기를 원했습니다. 이처럼 중립국을 선택한 극소수의 사람을 제외하고는 반공 포로 대부분이 대한민국에 남기를 원했지만 미국은 마땅한 방법을 찾을 수 없었습니다. 이에 이승만은 반공 포로들의 목숨을 구하기 위해 그들을 탈주시키기로 마음먹었습니다.

1953년 6월 18일 새벽 대통령 이승만의 명령을 받은 한국군은 하늘에 예광탄*을 발사해 대낮처럼 환하게 만든 뒤, 포로수용소 철조망을 부숴 버렸습니다. 철조망이 부서지자 포로 3만 5,400여 명이 일제히 탈주해 수용소를 지키던 미군은 깜짝 놀라 어쩔 줄 몰라 했습니다. 탈주한 포로들은 수용소에서 멀리 달아나려고 온 힘을 다해 뛰었고 미군도 정신을 차려 헬기까지 동원해 탈주자들을 잡으러 다녔습니다.

이때 수많은 남한 주민이 탈주자들을 도와 집 안에 숨겨 주었습니다. 미군이 탈주자를 잡기 위해 집집마다 뒤지고 다녔지만 옷을 갈아입고 마을 주민처럼 행세하는 탈주자를 색출해 내기란 쉽지 않았습니다. 탈주한 포로 중 8,300여 명은 미군에게 체포되어 철조망 안에 다시 갇히게 되었지만, 나머지 2만 7,000여 명은 자유를 얻었습니다.

---

*총포에서 발사되었을 때 앞부분에서 빛을 내며 날아가게 한 탄알.

거제 포로 사건으로 미국과 껄끄러운 관계가 된 이승만

탈주에 실패한 포로도 대통령 이승만의 노력으로 뒷날 석방되어 북한으로의 강제 송환을 면할 수 있게 되었습니다.

이승만이 주도한 반공 포로 탈주 작전은 미국을 포함한 전 세계에 큰 충격을 주었습니다. 정부 차원에서 적군 포로의 탈주를 도운 경우는 역사상 처음이기 때문입니다. 대한민국 정부의 독단적인 행동에 분노한 미국은 쿠데타를 사주해 이승만을 권좌에서 끌어내릴 생각까지 했습니다. 미국 입장에서 볼 때 이승만의 행동은 피를 흘리며 전쟁을 치르고 있던 미국에 대한 배반이나 다름없었습니다. 한편, 대통령 이승만의 입장은 설령 미국에 의해 권좌에서 쫓겨나더라도 반공 포로의 생명을 구하는 일이 더 중요했던 것입니다.

　미국 정부는 이승만을 비난했지만 권좌에서 쫓아낼 수는 없었습니다. 당시 대한민국 국군의 이승만에 대한 충성심이 대단해 쿠데타를 일으킬 만한 사람을 물색할 수 없었기 때문입니다. 이와 같이 이승만은 미국과의 관계 악화를 감수하면서까지 반사회주의 포로들을 살려 냈는데, 이 일은 대통령 이승만의 빛나는 업적으로 역사에 길이 남게 되었습니다.

미국 지도층의 노블레스 오블리주 정신

　1950년 6월에 시작된 전쟁은 꼬박 3년간 계속되어 1953년 7월 마침내 휴전 협정을 맺었습니다. 유엔군이 북한군과 체결한 것이 종전 협정이 아니기 때문에 아직도 양측 간의 대결이 지속되고 있지만, 당시 미국은 한국 전쟁에서 한반도의 공산화를 막아 내며 자유 진영의 수호자 역할을 톡톡히 수행했습니다. 이 과정에서 미국이 입은 손실은 엄청났습니다.

　미국은 한국 전쟁을 위해 무려 350조 원 이상의 전쟁 비용을 쏟아부었고 전사자만 3만 6,574명에 이르렀습니다. 실종자 1만 5,700명까지 합치면 끝내 가족에게 돌아가지 못한 미국 젊은이는 5만 2,000명을 넘어섰습니다. 여기에 중상을 입은 부상자만 11만 5,000여 명에 달해 당시 한국 전쟁이 얼마나 격렬했는지 알 수 있습니다.

한국 전쟁에서 엄청난 인명 피해를 입은 미국

　삶과 죽음이 수시로 교차되는 한국 전쟁에서 미국 지도층이 보여
준 노블레스 오블리주_{noblesse oblige}* 정신은 전 세계 사람들에게 남다른
귀감이 되고 있습니다. 한국 전쟁이 일어나자 미국 정부는 제2차 세
계대전 때 용맹을 떨친 명장을 중심으로 원정군을 구성했습니다. 미
국의 훌륭한 군인 집안은 대대로 군인이 되는 것을 자랑스러운 전통
으로 여기는데 수많은 장군과 그들의 자식이 함께 한국 전쟁에 참전
해 많은 일화를 남겼습니다. 한국 전쟁 당시 참전한 미국 장군의 아

---

* 사회 고위층 인사에게 요구되는 높은 수준의 도덕적 의무와 책임.

들만 해도 142명이나 됩니다. 이 중 35명이 전사하거나 부상을 입었습니다.

1952년 공화당 대선 후보로 드와이트 아이젠하워Dwight Eisenhower 전 육군 원수가 지명되었습니다. 그의 아들인 중령 존 아이젠하워John Eisenhower는 아버지에게 한국전에 참전하겠다는 뜻을 전했습니다. 유력한 대선 후보로서 실제로 같은 해 겨울 대통령에 당선되는 드와이트 아이젠하워는 참전을 원하는 아들에게 "절대로 포로가 되어서는 안 된다."라는 조건을 내밀자 아들은 "포로로 붙잡히느니 자결하겠습니다."라는 약속을 하면서까지 전쟁에 참전하고자 했습니다. 존 아이젠

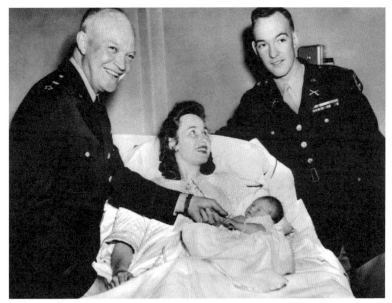

드와이트 아이젠하워와 아들 존 아이젠하워(오른쪽)

한국 전쟁에서 아들을 잃은 제임스 밴 플리트

하워는 한국 전쟁에 대대장으로 참전해 수많은 전투를 치렀습니다.

제임스 밴 플리트James Van Fleet 미 8군 사령관의 아들 지미 플리트Jimmy Fleet 역시 아버지와 함께 한국 전쟁에 참전했습니다. 아버지는 아들이 자신처럼 육군이 되기를 바랐지만, 평소 하늘을 동경한 아들은 공군 조종사가 되어 참전했습니다. 지미는 참전 신청서를 낸 뒤 그의 어머니에게 '아버지는 한국 사람들이 두려움 없이 살 수 있도록 자유를 위해 싸우고 계십니다. 저도 미약한 힘이나마 보태고 싶어 참전을 결심했습니다. 저를 위해 기도하지 마십시오. 대신 저와 함께 폭격기를 타는 승무원들을 위해 기도해 주세요. 그들 중에는 남편이 돌아오기만을 간절히 기다리는 아내가 있는 사람도 있습니다. 저는 승무원들이 임무를 마치고 모두 집으로 돌아갈 수 있도록 최선을 다할 것입니다.'라는 내용의 편지를 보냈습니다.

한국 전쟁에 참전한 지미는 위험한 임무에 앞장서며 혁혁한 전공을 올렸습니다. 1952년 4월 2일 지미는 아버지에게 전화를 걸어 "이틀 뒤 북한 지역으로 출격합니다. 잘 다녀오겠습니다."라는 안부 인사를 마지막으로 다시는 아버지를 만나지 못했습니다. 4월 4일 지미는 미그 15가 득실대는 압록강 인근의 중공군 보급로를 끊기 위해 칠흑 같은 밤에 B-29 폭격기를 하늘에 띄웠습니다. 지미와 승무원들이 탄 폭격기는 적의 보급로를 융단폭격한 뒤 귀환하다가 적기에게 격추되어 미군 레이더에서 사라졌습니다.

밴 플리트의 참모들은 수색 작전을 펼쳐 시신을 찾자고 건의했지만 그는 "내 아들의 시신을 찾는 것보다 다른 작전이 더 중요하다."라고 말하며 거절했습니다. 하지만 밴 플리트 역시 한 명의 아버지였습니다. 그는 예전과 달리 집무실에서 북쪽 하늘을 멍하니 바라보는 일이 많아졌고 눈에는 수시로 눈물이 고였습니다. 아들을 잃어버린 밴 플리트를 위로하기 위해 300통이 넘는 위문편지가 쇄도했는데 그는 일일이 친필로 답장해 주었습니다. 또한 부활절을 기해 한국 전쟁에서 실종된 미군의 모든 부모에게 깊은 위로 편지를 보냈습니다.

"희생 없이는 승리도 없습니다"
한국 전쟁에서 보인 중국 지도자의 자세

1950년 6월 25일 새벽 북한이 남침을 한 뒤 중공군의 참전이 결정되자 마오쩌둥은 자신의 장남 마오안잉毛岸英을 전쟁터에 보내기로 결정했습니다. 측근들은 가문의 대를 이을 큰 아들을 위험한 전쟁터에 보내려는 것을 극구 만류했습니다. 하지만 그는 "중국 최고 지도자의 아들이 죽음이 무서워 참전을 피한다면 어느 누가 전쟁터에 나가려하겠는가?"라고 말하며 자식을 참전시키려는 의지를 굽히지 않았습니다. 마오쩌둥은 중공군 총사령관 펑더화이에게 "아들이 전투에 직접 참여할 수 있도록 조치하라."는 당부를 했습니다.

　결혼한 지 1년밖에 안 된 마오안잉은 아버지 마오쩌둥에 의해 중공군 1호로 등록되어 전쟁터에 보내졌습니다. 최고 지도자의 아들을 차마 전투 현장에 보낼 수 없었던 펑더화이는 마오안잉을 러시아어 통역 담당자로 자신의 옆에 두었습니다.

　1950년 11월 24일 평안북도 동창군 중공군 총사령부 상공에 미 공군 정찰기 2대가 날아와 오랜 시간 하늘에 머물며 정찰을 하고 돌아갔습니다. 중공군의 입장에서 볼 때, 미 공군의 정밀 정찰 활동은 대규모 공습이 임박했다는 불길한 징조였습니다.

결혼한 지 얼마 되지 않아 한국 전쟁에 참전한 마오안잉

당시 중공군 사령부는 미군의 공습에 대비해 동굴 속에 자리 잡고 있었습니다. 펑더화이는 미군 정찰기가 지나간 사실을 보고 받은 뒤, 모든 중공군에게 동굴 밖으로 나가지 말 것과 동굴 밖으로 불빛을 절대로 내보내지 말도록 명령했습니다. 다음 날 미군 폭격기가 중공군 총사령부 상공 위를 지나갈 무렵, 마오안잉

이 동굴에서 몰래 볶음밥을 해 먹다가 불빛이 새어 나가 위치가 발각되고 말았습니다.

미군 폭격기 10여 대가 네이팜탄 100여 개를 중공군 총사령부에 쏟아부어 순식간에 주변 지역까지 불길이 치솟았습니다. 네이팜탄은 폭발하면서 불기둥을 만들어 인근의 모든 것을 태워 없애는 무시무시한 폭탄입니다. 네이팜탄이 만들어 낸 폭풍 같은 불길이 동굴 속으로 밀려들어 마오안잉은 형체도 알아볼 수 없을 정도로 처참하게 타 죽었습니다.

펑더화이는 마오안잉의 죽음을 비밀로 하다가 한참 뒤에야 마오쩌둥에게 보고했습니다. 아들의 비보를 접한 마오쩌둥은 한동안 말문을 잇지 못했습니다. 사회주의 혁명을 하면서 수없이 많은 죽음을 지켜보았지만, 장남의 죽음만큼은 쉽게 받아들일 수 없었던 마오쩌둥은 오랜 침묵 끝에 "전쟁에는 희생이 따르는 법이지요. 희생 없이는 승리도 없습니다."라는 말을 남겼습니다. 측근들이 마오안잉의 시

사랑하는 아들을 잃은
중국 지도자
마오쩌둥(왼쪽 위)

북한에 있는 마오안잉의 묘지

신을 중국으로 옮기려고 하자 마오쩌둥은 반대하며 "내 아들도 한국 전쟁에서 희생된 수많은 전사자 중 한 사람일 뿐입니다. 내 아들이기 때문에 다를 것은 아무 것도 없습니다. 다른 전사자처럼 그냥 북한에 놔두세요."라고 말했습니다.

한국 전쟁은 중국에도 많은 피해를 주었습니다. 중국 역시 미국처럼 엄청난 돈을 한국 전쟁에 쏟아부어 오랫동안 경제 침체가 계속되었습니다. 또한 수십만 명이 넘는 전사자가 발생해 유가족의 마음에 큰 상처를 남겼습니다.

뒷날 마오쩌둥은 전쟁을 일으킨 김일성의 판단이 잘못되었다고 비판하면서 자신의 참전 결정을 후회했습니다.

냉전의 산물, 한국 전쟁

1950년 6월부터 휴전 협정이 맺어진 1953년 7월까지 3년 동안 계속된 한국 전쟁 때문에 한반도 전체가 초토화되었습니다. 남북한을 합친 총인구 2,500만 명 중 400만 명 이상이 사망했습니다. 대부분의 가정이 가족이나 친척을 전쟁 통에 잃었습니다.

남한의 경우 100만 명 가까운 민간인이 죽거나 다쳤는데, 이는 북한군이 남한 지역을 점령하고 있는 기간에 벌인 학살극의 결과였습니다. 김일성은 전쟁이 일어나기 전부터 남한 내에 수많은 간첩을 심어 놓고 때가 되기만을 기다렸습니다. 남한 내 김일성 추종 세력은 한국 전쟁이 일어나 북한군이 밀고 내려오자, 음지에서 나와 본격적인 친북 활동을 시작했습니다. 이들은 남한 내 지식인, 자본가, 공무원 등 사회주의 확산에 걸림돌이 되는 사람들을 붙잡아 인민재판을 열고 '반동 계급'으로 몰아붙여 즉결 처형을 했습니다.

무수한 희생에도 휴전으로 끝난 한국 전쟁

한국 전쟁 당시 학살당한 민간인들

    또한 북한은 전쟁 기간 중 8만 5,000명에 달하는 각계각층의 대한
민국 엘리트를 북으로 납치해 갔습니다. 전쟁 기간에 북한으로 끌려
간 과학자, 엔지니어, 예술가 등은 대한민국 발전을 위해 반드시 필
요한 인재들이었습니다.

    북한 역시 전쟁으로 인해 막대한 피해를 입었습니다. 미군은 전쟁
기간 내내 북한 지역에 융단폭격을 가해 주요 기간 시설을 모조리 파
괴했습니다. 전쟁이 끝날 무렵 원산과 평양에는 멀쩡한 건물이 거의
남아 있지 않았습니다. 한국 전쟁 이전까지만 해도 북한은 남한보다
훨씬 발전한 모습이었지만 전쟁 때문에 모든 것이 파괴되고 말았습
니다.

    이와 같이 남북한은 한국 전쟁으로 인해 50년 이전으로 퇴보했으
며 복구하는 데 엄청난 비용과 시간을 들여야 했습니다.

전쟁 통에 고아가 된 소녀

　미국을 대표로 하는 자유 진영과 소련을 대표로 하는 공산 진영은
한국 전쟁에서 승부를 가리지 못한 채 끊임없이 대립하는 냉전을 지
속했습니다. 한반도는 종전이 된 것이 아니라 단지 전쟁을 중단한 휴
전 상태일 뿐이기 때문에 긴장감은 결코 사라지지 않았습니다. 결과
적으로 한국 전쟁은 사회주의 맹주 소련의 최고 지도자 스탈린이 기
획한 거대한 체스* 판에서 전쟁광 김일성이 행동에 나선 냉전의 산물
로 역사에 남게 되었습니다.

---

* 체크무늬 판과 말을 이용하여 두 사람이 펼치는 게임.

3장

베트남의 독립과 통일을 위해

베트남 전쟁

강대국의 먹잇감이 된 인도차이나반도

베트남이 위치한 곳을 일러 '인도차이나반도'라고 합니다. 유럽 사람이 인도와 중국의 중간에 위치한 땅이라는 의미로 부르는 데서 유래한 말입니다. 인도차이나반도의 중심 국가인 베트남은 인근 동남아시아의 타이_{태국}나 말레이시아와 문화가 다른 유교 문화권 국가입니다.

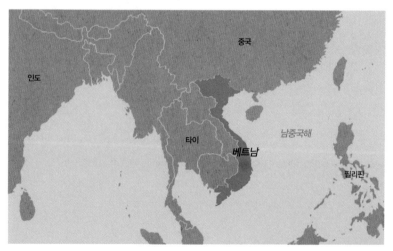

인도차이나반도에 위치한 베트남

베트남 사람들은 아시아 최고의 문명국가였던 중국에서 유교와 한자를 받아들여 유교 국가를 만들었으며, 이를 바탕으로 인근 국가에 비해 수준 높은 문명국가를 이룩했습니다. 하지만 중국은 양날의 칼과 같아서 베트남에 선진 문명을 전해 준 고마운 나라인 동시에 수시로 침략을 일삼은 정복자이기도 했습니다. 기원전 111년 한漢 무제는 대군을 동원해 베트남을 정복한 뒤, 무려 천 년 동안 혹독하게 지배했습니다. 이후로도 베트남을 속국으로 여기며 사사건건 간섭을 일삼아, 중국에 대한 베트남 사람들의 감정은 더욱 나빠졌습니다.

19세기에 들어 유럽의 강대국 프랑스가 인도차이나반도에 관심을 가지게 되면서 베트남 사람들의 운명은 더 큰 풍랑을 만나게 되었습니다. 제국주의* 국가로 발돋움하려던 프랑스의 입장에서 아시아는 마지막 남은 기회의 땅이나 다름없었습니다. 18세기 후반 산업화에 가장 먼저 성공한 영국이 일찌감치 식민지 개척에 나섬으로써 북아메리카, 오세아니아, 중동, 아프리카 등 웬만한 지역 대부분을 차지하는 바람에 프랑스에게 남아 있는 기회는 아시아밖에 없었습니다. 세계 인구의 25%를 차지하고 있던 중국이 최고의 먹잇감이었지만 워낙 큰 나라여서 단번에 차지할 수 없었습니다. 따라서 프랑스는 중국과 국경을 맞댄 베트남을 거점으로 중국 진출을 계획했습니다.

---

* 우월한 군사력과 경제력으로 다른 나라나 민족을 정벌하여 대국가를 건설하려는 침략주의적 경향.

백성의 사랑을 받지 못한 응우옌 왕조

19세기는 중국 대륙에 자리 잡고 있던 청나라의 국력이 급속히 쇠약해지던 시기라 프랑스는 베트남을 포함한 인도차이나반도 진출에 거칠 것이 없었습니다. 당시 베트남은 응우옌 왕조阮王朝*가 거듭되는 실정으로 완전히 민심을 잃어버린 상태였기 때문에 프랑스는 베트남 식민화 계획을 차질 없이 추진할 수 있었습니다.

프랑스가 베트남을 차지하기 위해 제일 먼저 추진한 공작은 응우옌 왕조 내부의 혼란을 틈타 선교사를 파견하는 일이었습니다. 프랑스 선교사들은 도시는 물론 지방까지 파고들며 전통 유교 국가이며,

* 1802년부터 1945년까지 지속된 베트남의 왕조.

프랑스 선교사 탄압에 나선 응우옌 왕조

유교가 유입되기 전부터 베트남에 뿌리내리고 있던 불교의 영향으로
국민 대부분이 불교 신자인 베트남을 서구화시키는 일에 앞장섰습니
다. 시간이 흐를수록 프랑스 선교사들에 의해 베트남의 전통문화가
뿌리째 흔들리기 시작했습니다. 이런 상황을 지켜보던 베트남 국왕
은 천주교를 탄압하기 시작했습니다.

　1836년 베트남에서 활동하던 천주교 신부 7명이 처형을 당하자 프
랑스는 마치 기다렸다는 듯 대군을 동원해 베트남을 침략했습니다.
선량한 프랑스 선교사를 탄압한 베트남 국왕을 응징한다는 명목이었
습니다. 총과 대포 등 막강한 화력으로 무장한 프랑스군이 베트남에
쳐들어온 뒤 응우옌 왕조의 운명도 다하기 시작했습니다. 그동안 응

프랑스식으로 지은 총독부 건물

우옌 왕조의 국왕들이 실정을 거듭해 베트남 국민은 국왕을 위해 프랑스와 맞서려고 하지 않았기 때문입니다.

베트남 국왕 역시 국민의 힘을 결집해 외세에 저항하려는 마음보다는 프랑스와 좋은 관계를 유지하면서 왕조를 이어가려는 생각밖에 없었습니다. 국왕이 줏대 없이 행동하자 프랑스에 잘 보이려는 세력이 점점 늘어나기 시작했습니다. 친親프랑스파로 변절한 응우옌 왕조의 관리들은 프랑스어를 배우고 천주교로 개종하며 프랑스인의 비위를 맞추려고 했습니다. 머지않아 이들의 힘은 국왕을 능가했습니다.

친프랑스 매국노가 장악한 조정이 정상적으로 운영될 리 없었습니다. 이들은 전형적인 탐관오리가 되어 국민을 수탈했고 돈을 받고 각종 이권을 프랑스에 넘기는 일에 앞장섰습니다. 국토의 면적이 남한의 3배가 넘고 땅이 비옥한 베트남에서 한몫 잡아 보려는 프랑스 사람이 몰려들었는데 이들은 친프랑스파의 도움으로 헐값에 옥토를 차지했습니다.

베트남에 정착한 프랑스인은 대농장을 소유하고 값싸게 현지인을 부리면서 담배, 커피 등 상업 작물을 재배해 막대한 부를 축적해 나갔습니다. 이에 반해 베트남 사람들은 노예와 다를 바 없는 무시와 차별을 받으면서 고통스러운 나날을 보냈습니다. 프랑스는 서두르지 않고 야금야금 베트남을 장악해 나갔습니다. 프랑스가 침공한 지 반세기 만인 1884년에 프랑스 총독이 나라를 다스리게 되면서 응우옌 왕조는 허울만 남게 되었습니다.

프랑스는 베트남을 어떻게 식민지로 만들었는가

19세기 영국과 프랑스 두 나라는 대표적인 제국주의 국가로서 전 세계 약소국을 그들의 깃발 아래 두었지만, 식민지를 다스리는 방식은 서로 달랐습니다. 영국은 제한적으로나마 식민지 사람들에게 자치권을 주고 가급적 전면에 나서려고 하지 않았습니다. 대신 식민지 국민의 단결을 막기 위해 의도적으로 분열을 조장하는 고도의 통치 전략을 구사했습니다. 대부분의 국가에서는 종교·인종·지역 간의 차이 등으로 가치관이 다른 세력이 있기 마련인데, 영국은 이 점을 교묘히 파고들어 갈등을 만들어 냈습니다.

어느 나라든지 역사적으로 갈등을 빚어 왔던 세력 중 차별받던 소수 세력에게 힘을 실어 줄 경우 식민지를 다스리기가 한결 수월했습니다. 그동안 다수 세력에게 억압받아 왔던 소수 세력은 영국에 적극적으로 협조하는 경우가 많았습니다. 이들은 다수 세력 위에 군림하며 그동안 받아 왔던 설움을 씻으려고 했습니다. 이런 상황이 지속되면서 다수 세력은 영국을 미워하는 것이 아니라, 영국의 앞잡이로 설치는 소수 세력을 증오해 양대 세력 간의 싸움은 끝없이 계속되었습니다.

　영국이 안정적인 식민 지배를 위해 해야 할 일은 한 세력이 다른 세력을 압도하지 못하도록 적절한 균형을 유지하는 일뿐이었습니다. 영국은 영국식 생활 양식을 강요하지 않았으며 현지인의 전통문화를 가능한 한 존중해 주었습니다. 이처럼 영국은 식민 통치 전면에 나서서 현지인과 마찰을 빚는 대신 배후에서 은밀하게 조종하며 영국에

강력한 무력을 기반으로 베트남을 식민지로 만든 프랑스

프랑스인의 차지가 된 베트남 옥토

대한 좋은 이미지를 만들려고 노력했습니다. 영국식 분열 통치 방식은 적은 인원으로도 식민지를 다스릴 수 있었기 때문에 상당히 효율적인 통치 방식이었습니다.

이에 반해 프랑스는 막강한 군사력을 앞세워 현지인을 힘으로 억누르는 직접 통치 방식을 선호했습니다. 프랑스는 식민지에 총독부를 설치하고 말단 관리를 제외한 공직 대부분을 프랑스인으로 채웠습니다. 또한 새로 개척한 식민지에 자국의 하층민을 대거 이주시켜서 빈곤 해소와 식민지의 프랑스화를 앞당기려고 했습니다.

식민지로 이주해 온 프랑스 하류층은 비옥한 농토를 차지해 현지인을 부리고 귀족처럼 살며 이제껏 경험하지 못한 호사를 누렸습니다. 하지만 식민지에 정착하는 프랑스인이 늘어날수록 현지인의 반발이 강해졌습니다. 이에 프랑스는 현지인의 저항을 억누르기 위해 군대를 동원해 강력한 철권통치를 해 나갔습니다. 프랑스의 베트남에 대한 식민 지배는 제2차 세계대전이 일어나 나치 독일이 프랑스를 점령하면서 막을 내리기 시작했습니다.

베트남을 차지하기 위한 일본의 움직임

1940년 나치 독일이 프랑스를 점령하자 전 세계에 흩어져 있던 프랑스 식민지의 지배층도 위기를 맞았습니다. 독일과 동맹 관계에 있던 일본은 프랑스의 식민지인 베트남을 차지하기 위해 발 빠르게 움직였습니다.

1937년 일본은 중국 대륙을 독차지하기 위해 침략했는데 예상 외로 강한 저항에 부딪쳐 고전을 면하지 못했습니다. 장제스의 국민당 군대와 마오쩌둥의 공산군은 힘을 합쳐 일본군을 상대로 전면전 대신 게릴라전을 펼쳐 전쟁은 끊임없는 소모전 양상으로 흘러갔습니다. 일본군은 진주하는 모든 곳에서 공산군의 공격에 시달렸으며 중국 내에 안전한 곳이

프랑스를 점령한 아돌프 히틀러(가운데)

라고는 없었습니다. 이로 인해 일본에게는 안전한 후방 기지 확보 차원에서 베트남이 반드시 필요했습니다.

1941년 일본은 나치 독일의 동의를 받고 당당하게 베트남에 입성했습니다. 당시 유럽 침략에 정신없던 히틀러는 베트남에까지 참견할 여력이 없었기 때문에 당분간 동맹국 일본에 인도차이나반도를 맡기려고 했습니다. 하지만 당시 베트남에는 프랑스 군대가 주둔하고 있었고, 총독을 포함해 프랑스 사람들이 그대로 남아 있었기 때문에 일본과 갈등이 일어날 소지가 다분했습니다.

일본군은 이미 중국에서 대량 학살, 종군 위안부 등 온갖 만행을 저지르며 악명을 떨치고 있던 상태였습니다. 베트남을 다스리던 프랑스 총독은 1만 8,000명에 이르는 프랑스 여성과 어린이의 안위가 걱정되어 잠을 이룰 수 없을 지경이었습니다. 이를 간파한 일본 군부

일본군에게 학살당한 프랑스군

는 프랑스어에 능통한 일본인을 앞장세워 그를 안심시켰습니다.

일본군은 프랑스 사람을 해칠 의사가 전혀 없음을 알리며 마치 그들의 친구인 양 행동했습니다. 이 말을 믿은 프랑스인은 일본군의 베트남 주둔에 적극 협조하며 안착을 도왔습니다. 하지만 베트남에 공존하던 양대 세력의 평화는 머지않아 깨졌습니다. 프랑스의 도움으로 베트남에 자리 잡은 일본군은 베트남인을 상대로 친일파를 대거 양산하면서 통치를 위한 기반을 닦았습니다.

1944년 제2차 세계대전에서 궁지에 몰린 일본은 베트남의 천연 자원을 조달하기 위해 잔혹한 무력 동원을 선택했습니다. 일본군은 그동안 적대적이지 않던 일본군의 태도에 방심해 무방비 상태로 있던 프랑스군을 공격해 수천 명을 학살하고 나머지는 포로수용소에 가두어 프랑스군을 무기력하게 만들었습니다. 이로써 19세기 이후 베트남을 지배했던 프랑스는 몰락했고 이제 베트남은 일본의 차지가 되었습니다.

베트남을 독차지한 일본은 본색을 드러내기 시작했습니다. 일본군은 친일파를 앞잡이로 삼아 베트남에서 가지고 나갈 수 있는 모든 것을 빼앗았습니다. 일본군은 막사를 짓고 다리를 놓기 위해 나무를 마구 베어 넘기고 군량미로 사용하기 위해 쌀도 강제로 빼앗았습니다. 이후 베트남에서 생산된 쌀은 군량미뿐 아니라, 공업용으로도 활용되어 수탈의 양은 기하급수적으로 늘어났습니다.

베트남을 비롯한 인도차이나반도를 침공할 당시 일본은 중국 장

프랑스를 밀어내고 베트남을 점령한 일본군

일본의 수탈로 굶주리는 베트남 사람들

제스 정권에 대한 미국과 연합군의 원조 루트를 차단하기 위해 북부를 먼저 점령했고, 이듬해에는 남부까지 모두 점령하며 미국을 자극했습니다. 미국은 석유를 포함한 전략 물자 수출 금지 조치를 내리며 일본을 압박했습니다. 이에 일본은 쌀을 발효시켜 알코올을 추출해 휘발유 대체재로 사용하면서 쌀을 대규모로 수탈했습니다. 베트남은 비옥한 토양과 연중 무더운 기후 덕분에 삼모작이 가능한 나라로서 소비재*가 부족해 가난했을지언정, 쌀이 부족해 굶주리는 일은 없었습니다. 하지만 일본군이 쌀을 보이는 대로 수탈해 가는 바람에 기근이 찾아왔습니다. 1945년 봄 무려 100만이 명 넘는 베트남 사람이 굶어 죽었습니다. 이 때문에 일본군에 대한 반일 감정은 하늘을 찌를 듯 높아졌습니다. 베트남 사람들은 자신들을 고통에서 구원해 줄 영웅을 갈망하게 되었습니다.

베트남의 통일을 원한 국부, 호찌민

오늘날 거의 모든 베트남 사람에게서 존경받는 호찌민胡志明은 1890년 베트남 중부 지방의 농촌에서 태어났습니다. 그가 태어난 동네 사람 대부분은 글을 모르는 문맹이었지만, 호찌민의 아버지는 유학자로서 지식인 계층에 속했습니다. 1900년 그의 아버지가 베트남 남부후에Hue 지역의 말단 공무원이 되면서 온 가족이 후에로 이사를 가서

---

* 개인의 욕망을 직접적으로 충족하기 위해 소비되는 재화. 식료품, 의류, 가구, 주택 등이 이에 해당한다.

살았습니다.

호찌민은 관리를 양성하는 엘리트 교육 기관인 프랑스-베트남 학교에 입학했지만, 교내에서 프랑스의 식민주의를 비판하는 언행을 수시로 해서 결국 퇴학당하고 말았습니다. 학교에서 쫓겨난 호찌민은 더는 학업에 미련을 두지 않고 일자리를 찾아 나섰습니다.

1911년 호찌민은 넓은 세상에 대해 더 많이 알고 싶어 프랑스 초대형 여객선 트레빌Treville의 주방 보조로 취업해 유럽과 베트남을 오가며 견문을 넓혔습니다. 또한 1914년부터 1919년까지 영국 런던과 미국 뉴욕에서 청소부, 웨이터, 건설 노동자 등 여러 가지 직업을 전전하며 생생한 삶의 현장을 경험했습니다. 서른 살이 되도록 호찌민은 근근이 생계를 이어 가야 했지만 유럽과 미국 등지를 옮겨 다니며 다양한 경험을 통해 식견을 넓혀 사회 구조가 부조리하다는 것을 깨달았습니다.

견문을 넓히기 위해 젊은 시절 해외를 떠돈 호찌민

1919년 호찌민은 프랑스 파리에 정착하면서 본격적으로 독립 운동가의 길을 걸었습니다. 그해 6월 파리에서는 제1차 세계대전 이후의 평화 체제를 모색하기 위한 '파리

유럽에서 베트남의 독립을 외친 호찌민

평화 회의'가 열리고 있었는데 호찌민은 스스로 베트남 대표가 되어 회의에 참가하고자 했습니다. 그는 그동안 베트남 국민의 바람을 모아 8개 항목으로 이루어진 '베트남 국민의 요구서'를 만들어 회의장으로 갔습니다.

그 요구서는 '베트남인을 프랑스인과 동등하게 대우할 것, 프랑스 의회에 베트남 대표가 참석할 권리를 보장할 것' 등 상식을 벗어나지 않는 사항을 담고 있었지만, 호찌민은 회의장 안으로 들어가지도 못한 채 문전 박대를 당하는 수모를 겪었습니다. 그때 호찌민은 제국주의 국가들이 결코 자발적으로 식민지를 포기하지 않는다는 냉엄한 현실을 깨달았습니다. 따라서 조국 베트남이 독립할 수 있는 유일한 길은 외교에 의한 평화적 방법이 아니라, 무력 투쟁임을 알고 사회주의자가 되기로 결심했습니다.

1917년 러시아에서 사회주의 혁명에 성공한 레닌은 사회주의 확산을 위해 약소국의 독립운동을 적극 지원해 주었습니다. 1924년 호찌민은 레닌의 도움을 받기 위해 모스크바로 건너가 사회주의에 대해 공부하며 소련 공산당 지도자들과 친분을 쌓았습니다.

1930년 '베트남 공산화'라는 대의명분을 실천하기 위해 영국의 식민지였던 홍콩으로 잠입한 호찌민은 '인도차이나 공산당'을 조직한 뒤 적극적인 활동에 나섰습니다. 하지만 베트남 사회를 철저하게 통제하고 있던 프랑스 총독부는 호찌민에 대해 이미 많은 정보를 가지고 있었으며, 그를 체포하기 위해 혈안이 되어 있었습니다.

당시 베트남에서 사회주의 활동은 불법이었기 때문에 만약 사회주의 활동을 할 경우 사형에 처해지는 형벌을 받아야 했습니다. 홍콩에서 '인도차이나 공산당' 설립에 동참하며 호찌민과 뜻을 같이한 베트남 사회주의자들이 고국으로 잠입해 활동을 했지만, 곧바로 프랑스 총독부에 체포되어 줄줄이 처형을 당했습니다.

프랑스 총독부는 홍콩에 있던 호찌민을 내란죄의 주동자로 몰아, 궐석 재판*에서 사형을 선고해 사형수로 만들어 버렸습니다. 이로 인해 호찌민은 프랑스가 제2차 세계대전에서 나치 독일에게 점령당할 때까지 고국에 돌아가지 못한 채 타이, 홍콩, 중국 등 여러 나라를

---

* 피고인이 법정에 출석하지 않은 상태에서 진행되는 재판.

돌아다니는 떠돌이 신세가 되
었습니다.

1941년 2월 호찌민은 중국
국경을 넘어 베트남으로 잠입
하는 데 성공했습니다. 같은
해 5월에는 '인도차이나 공산
당'을 중심으로 하는 '베트남
독립동맹(약칭 베트민)*'이라는
조직을 이끌고 외세와 벌이
는 투쟁에 나섰습니다. 하지
만 변변한 무기 하나 없는 상
태에서 베트남에 들어와 있던

고향으로 돌아와 베트남 독립운동에 헌신한 호찌민

프랑스와 일본에 맞서는 것은 무모한 일이었으며 시간이 흐를수록
희생자만 늘어날 뿐이었습니다.

1942년 호찌민은 돌파구를 마련하기 위해 국경을 넘어 중국으로
향했습니다. 당시 중국은 장제스가 이끄는 국민당 정권이 다스리고
있었는데, 국민당은 일본뿐 아니라 중국 공산당과도 싸우느라 매우
힘든 상태였습니다.

중국 남서부 충칭重慶에 도착한 호찌민은 국민당 간부를 만나 베트
남에서 일본군을 몰아낼 수 있도록 지원을 요청했지만, 오히려 일본

---

* 프랑스 지배를 받던 베트남의 독립 투쟁을 이끈 조직.

호찌민을 혐오했던 국민당의 장제스

군 스파이로 몰려 모진 고문을 당했습니다. 중국 국민당 정권은 호찌민이 사회주의자라는 사실을 알아내 아예 그를 감옥에 가두어 버렸습니다. 그는 중국 감옥에서 18개월간 옥살이를 한 뒤 1943년 9월에 석방되어 고향으로 간신히 돌아왔습니다.

1944년 베트남에서 힘겹게 일본에 맞서던 호찌민에게 미국이 도움의 손길을 내밀면서 형편이 한결 나아지기 시작했습니다. 당시 태평양에서 일본과 치열한 전쟁을 벌이던 미국은 인도차이나반도를 점령한 일본을 압박하기 위해 호찌민을 지원하고 나섰습니다.

호찌민은 젊은 시절 미국에서 거주한 적이 있었기 때문에 영어를 능통하게 사용해 미국 관리에게 좋은 인상을 심어 줄 수 있었습니다. 호찌민을 만난 미국 관리는 상부에 올린 보고서에서 '호찌민은 사심 없이 베트남을 사랑하고 국민을 위하는 사람'이라고 평가했습니다. 미국의 신임을 받은 호찌민은 미국의 도움으로 일본과 벌이는 투쟁에서 성과를 올리기 시작했습니다. 하지만 프랑스는 호찌민의 활약이 못마땅했습니다.

일본을 압박하기 위해 호찌민을 지원한 미국

1940년 나치 독일이 프랑스를 침공했을 때 제대로 싸워 보지도 못하고 백기를 들었던 프랑스는 1944년 8월 연합군에 의해 해방되자, 또다시 제국주의 국가로 돌아가고자 했습니다. 그런 프랑스의 입장에서 볼 때, 베트남 국민의 전폭적인 지지를 받으며 일본과 벌이는 항전을 주도하고 있는 호찌민은 껄끄러운 인물이었습니다. 1945년부터 프랑스는 본격적으로 호찌민을 견제하기 위해 미국과 호찌민 사이를 이간질하기 시작했습니다.

프랑스는 호찌민이 소련에서 교육받은 골수 사회주의자이기 때문에 도와주지 말 것을 미국 측에 요청했습니다. 프랑스에 설득당한 미국 정부는 베트민에 대한 지원을 중단하기에 이르렀습니다. 미국의 원조를 받지 못한 호찌민은 또다시 변변한 무기도 없이 일본군과 맞붙어야 했습니다. 하지만 호찌민이 이끄는 베트민은 게릴라전을 통해 일본군을 괴롭히며 혁혁한 전과를 올렸습니다.

1945년 8월 15일 일본의 항복 선언과 함께 베트남 정세는 새로운 국면을 맞이했습니다.

탐욕스러운 제국주의 프랑스

제2차 세계대전 막바지 프랑스 지도자 샤를 드골 Charles De Gaulle 은 일본의 패망이 기정사실이 되어 갈 무렵에 영국 수상 윈스턴 처칠에게 접근해 양국의 신속한 전쟁 피해 복구를 위해 식민지에 대한 수탈이

프랑스의 지도자 샤를 드골

필요함을 역설했습니다. 사실 지난 세월 동안 영국과 프랑스가 세계적인 강대국으로 남을 수 있었던 이유는 전 세계에 수많은 식민지를 보유하고 있었기 때문입니다. 이들 국가는 식민지 수탈을 통해 국부를 늘릴 수 있었고, 특히 프랑스는 자국의 하층민들이 식민지에서 큰소리치고 살 수 있는 기회를 제공했습니다.

식민 지배를
계속하기로 뜻을 함께한
윈스턴 처칠과 샤를 드골

　하지만 영국은 종전 뒤 계속해서 식민지를 유지할 수 있는 처지가
아니었습니다. 제2차 세계대전 기간 중 영국은 식민지 사람들에게
나치 독일과 벌이는 전쟁에 참전하면 종전 뒤 독립시켜 주겠다고 약
속했습니다. 영국의 말을 곧이곧대로 믿은 수많은 식민지 젊은이가
영국을 위해 목숨을 바쳐 싸웠고, 전쟁이 끝나자 영국은 약속을 이행
해야 할 처지에 놓인 상황이었습니다. 게다가 미국이 영국과 프랑스
에게 식민지 국가를 독립시키라고 압력을 넣고 있는 터라 운신의 폭
은 더욱 좁았습니다.

　하지만 영국과 프랑스는 종전 뒤에도 계속해서 강대국으로서의 지
위를 유지하고 경제 재건을 앞당기기 위해서 반드시 필요한 식민지
를 지키기로 하고 서로 돕기로 합의했습니다. 이후 프랑스는 베트남
을 비롯한 인도차이나반도를 되찾기 위해 영국에게 도움을 요청했

영국의 윈스턴 처칠, 미국의 해리 트루먼, 소련의 이오시프 스탈린(왼쪽부터)

습니다. 프랑스는 제2차 세계대전에서 영국처럼 마지막까지 나치 독일에 맞서 승리를 쟁취한 승전국이 아니라, 전쟁 초반에 무너진 실질적인 패전국이었기 때문에 종전 뒤 승전국의 지위를 누릴 수 없었습니다.

1945년 7월 26일 독일 포츠담에서는 연합국 지도자들이 전후 처리 방침에 관한 폭넓은 의견을 나누었습니다. 이 자리에서 영국 수상 윈스턴 처칠은 미국 대통령 해리 트루먼에게 일본이 패망할 경우 영국과 중국이 베트남을 맡아 안정을 찾을 때까지 관리하겠다는 제안을 했습니다. 미국은 일본군이 무장 해제를 완료할 때까지 영국과 중국이 베트남을 관리한다는 조건으로 영국의 제안을 받아들였습니다.

종전 뒤 포츠담 선언에 따라 베트남은 위도 17도선을 기준으로 이북은 국민당이 이끄는 중국군이, 이남은 영국군이 일본군의 무장 해제를 위해 유입되었습니다. 이 같은 사실에 분개한 호찌민은 1945년 8월 19일, 베트남 북부 최대 도시인 하노이Hanoi를 장악하고 같은 해 9월 2일에는 독립 선언과 함께 '베트남 민주 공화국' 성립을 전 세계에 알렸습니다.

하지만 호찌민이 베트남 국민의 뜻을 모아 만든 '베트남 민주 공화국'을 정식 국가로 인정하는 나라는 세상에 없었습니다. 오히려 베트남으로 밀려온 영국군과 중국군에 의해 베트남 독립 투쟁의 중심에 섰던 베트민은 정부가 아닌, 별 볼일 없는 무장 단체 취급을 받았습

위도 17도를 기준으로
남북으로 나뉜
베트남

영국군 총사령관 더글라스 그레이시

니다.

베트남 북쪽을 장악한 중국군은 자신들의 주둔 이유인 일본군의 무장 해제에는 관심을 두지 않고, 베트남 국민을 약탈하는 데에만 열을 올렸습니다. 중국군은 총을 들고 베트남 사람들의 집을 습격해 돈이 될 만한 것을 남김없이 들고 나왔습니다.

남쪽에 주둔한 영국군은 베트남 국민을 수탈하지는 않았지만, 베트남을 프랑스에게 넘겨주기 위해 움직였습니다. 베트남에 들어온 영국군 총사령관 더글라스 그레이시Douglas Gracey 육군 소장은 호찌민을 포함한 베트남 사람 누구도 만나려고 하지 않았습니다. 그는 베트남의 어떤 세력과도 협력할 의사가 없었으며, 프랑스가 베트남으로 돌아올 수 있는 길을 열어 주는 데만 관심이 있었습니다. 따라서 영국군은 베트남에 들어오자마자 즉각 계엄령을 선포하고 관련 법령을 공포하면서 베트남 사람들의 자유를 억압했습니다.

영국군이 점령한 남베트남 곳곳에는 '허가되지 않은 모든 집회는 금지되며 무기류의 소지도 엄격히 금지된다. 만약 누구라도 공공질서 유지에 방해되는 행동을 한다면 곧바로 사형에 처한다.'라는 경고

베트남을 고압적으로 통치한 영국군

문이 나붙었습니다. 영국군의 어처구니없는 행동에 베트남 국민은 분개했지만 호찌민은 "어떤 일이 생기더라도 영국군을 공격하지 말라."고 호소를 하며 폭력 사태가 발생하지 않도록 했습니다.

영국의 그레이시가 무시무시한 계엄령을 통해 남베트남을 공포 분위기에 몰아넣고 질서를 유지하는 사이에, 프랑스 군인이 슬슬 유입되기 시작했습니다. 프랑스 군인들이 베트남으로 들어오자, 베트민은 총을 들고 맞서 싸웠습니다. 영국은 프랑스군과 아직 베트남에 남아 있던 일본군까지 동원해 호찌민이 이끄는 베트민을 공격했습니다. 이 과정에서 2,700명이 넘는 베트민이 사망했습니다. 일본군 중에는 전쟁에 중독된 사람이 많았는데, 이들은 단지 살인의 즐거움을 만끽하기 위해 베트민을 잔인하게 죽이는 일에 앞장섰습니다.

베트남에 다시 유입된 프랑스군

1946년 5월 영국군은 당초 약속대로 위도 17도 이하의 남베트남을 프랑스에게 넘기고 철수했습니다. 영국이 베트남을 떠난 뒤, 프랑스는 우선 남베트남부터 다시 식민지로 만들기 위해 치밀한 작업에 들어갔습니다. 프랑스는 제2차 세계대전 중 나치 독일이 점령하고 있던 남부 프랑스에 '비시 프랑스'라는 꼭두각시 국가를 만들어 통치한 점을 모방해, 1946년 6월 남베트남에 친프랑스파를 총동원해 '코친차이나Cochinchina[*]'라는 괴뢰 정부를 세웠습니다. 코친차이나의 대통령과 관료는 모두 프랑스의 조종을 받는 사람들로서 아무런 실권도 갖지 못했습니다.

---

* 프랑스령 인도차이나에서 베트남 남부 메콩강 삼각주를 중심으로 한 지역.

프랑스는 괴뢰 정부인 코친차이나를 통해 남베트남을 장악해 들어가면서도 호찌민의 눈을 속이기 위해 베트민과 평화 협상에 나서는 이중적인 태도를 취했습니다. 프랑스는 호찌민에게 베트남을 식민지화할 뜻이 없다는 의사를 내비쳐 시간을 끌면서 군사력을 증강해 나갔습니다.

1946년 11월 프랑스 군대는 베트남 북부 하노이의 호찌민 근거지를 폭격하면서 본격적으로 베트민 박멸 작전을 시작했습니다. 그제야 프랑스의 검은 속셈을 눈치챈 호찌민은 그해 12월 베트남 국민에게 외세를 물리치기 위해 분연히 봉기할 것을 호소하며 프랑스와 벌이는 전면전에 돌입했습니다. 북부 베트남에 기반을 둔 베트민과 프랑스 사이에 전면전이 발생하자 영국은 당연히 프랑스를 지지했습니

프랑스군에게 사로잡힌
베트민 병사

공산 게릴라를 체포한
프랑스군

다. 당시 중국 국민당 군대는 마오쩌둥의 공산군과 치르는 내전으로 북베트남 관리에 신경 쓸 겨를이 없었습니다.

자유 민주주의 국가 미국은 오래전부터 유럽 국가들의 식민지 운영을 부정적인 시각으로 바라보았습니다. 제2차 세계대전 이후에는 유럽 국가에 식민지를 포기하도록 강요하기도 했습니다. 그러나 종전과 함께 소련이 급부상하면서 미국의 생각이 바뀌게 되었습니다. 자유 민주주의 진영의 대표 국가인 미국이 공산 진영의 수장인 소련과 날카로운 대립각을 세우게 되면서, 식민지 국가의 독립보다는 사회주의 확산을 막는 일에 최우선 순위를 두었습니다.

이처럼 제2차 세계대전 이후 미국과 소련 간에 벌어진 이념 대결인 냉전이 일어나자, 미국은 베트남에 대한 중립적인 태도를 버리고

사회주의 확산을 막기 위해 프랑스를 도운 미국

프랑스 편에 섰습니다. 더구나 1950년 6월, 북한 공산군이 선전 포고도 없이 남한을 침공하는 바람에 미국은 사회주의 확산 방지를 가장 중요한 외교 정책으로 삼게 되었습니다. 이때부터 미국은 베트남에 주둔 중인 프랑스군에 대한 군사 지원을 본격화했습니다. 그 덕분에 미국제 첨단 무기로 무장한 프랑스의 군사력은 한층 강화되어, 17도 선 이북으로까지 그 영역을 계속 넓혀갔습니다.

한편, 1949년 중국 대륙을 두고 장제스의 국민당과 마오쩌둥의 공산당이 펼친 권력 투쟁에서 공산당이 승리함에 따라, 그동안 북베트남에서 수탈만 일삼던 국민당 군대가 물러가고 공산당이 베트남 편이 되었습니다. 중국 공산당 지도자 마오쩌둥은 미국이 후원하는 프랑스가 베트민을 몰아낼 경우, 중국의 남부 국경에서 미국과 접하게 되는 불편한 상황을 맞이해야 했습니다.

　자유주의 진영의 리더이자 초강대국 미국의 군대가 중국과 국경을 맞댄 곳에 주둔하는 일을 중국은 도저히 용인할 수 없었기 때문에 마오쩌둥은 베트남에 대한 원조를 아끼지 않았습니다. 마오쩌둥은 은밀히 호찌민을 중국으로 불러들여 "중국이 줄 수 있는 것을 모두 줄 테니, 서방 세계와 맞서 싸우라."라고 주문했을 정도로 베트남에 큰 관심을 가지고 있었습니다. 중국에서 막대한 양의 무기가 베트남으로 쏟아져 들어오자, 프랑스군에게 일방적으로 유리하던 전세가 점차 변하기 시작했습니다.

베트남 전쟁 승리의 주역, 보응우옌잡

　베트남 현대사에서 호찌민과 버금갈 정도로 큰 영향력을 끼쳤던 사람이 보응우옌잡 Võ Nguyên Giáp 입니다. 그는 오늘날 전 세계적으로 위대한 장군의 반열에 올랐지만 원래 고등학교 역사 교사였습니다.

　1930년 보응우옌잡은 '인도차이나 공산당'이 창립됨과 동시에 입당해 프랑스에 대한 투쟁에 나섰습니다. 1939년 프랑스 총독부가 공산당을 불법화해 보응우옌잡은 중국으로 도피했지만, 대신에 그의 부인과 처제가 체포되었습니다. 결국 처제는 반역죄로 기소되어 단두대에서 최후를 마쳤고, 종신형에 처해져 수감된 부인은 모진 고문 후유증으로 얼마 뒤 옥사했습니다.

호찌민의 작전 참모로
맹활약한 보응우옌잡

　평화적인 방법으로는 베트남의 독립을 쟁취할 수 없다는 사실을
깨달은 보응우옌잡은 무장 투쟁을 위해 호찌민을 찾아갔습니다. 호
찌민은 보응우옌잡을 처음 만난 자리에서 그가 매우 뛰어난 인물임
을 간파했습니다. 자그마한 체구에 곱상한 얼굴을 하고 있어 전혀 군
인 같아 보이지 않았지만, 호찌민은 그에게 모든 군사 작전권을 넘겨
주었습니다.

　보응우옌잡은 총 한 번 제대로 쏘아 보지 못한 사람이었지만 광범
위한 독서를 통해 나폴레옹 전법, 손자병법 등 갖가지 전법을 통달하
고 있었습니다. 그는 전쟁터에 나가 앞장서 싸우는 용장은 아니었지
만 누구보다도 탁월한 전략가였는데 호찌민은 이 점을 높이 평가했
습니다.

호찌민에게서 작전 지휘권을 위임받은 총사령관 보응우옌잡은 프랑스가 싫어하는 방식으로 싸우기 시작했습니다. 막강한 화력을 가진 프랑스군과 치르는 정면 대결을 피하고 모두가 잠든 밤을 이용해 습격하는 게릴라전*을 펼쳤습니다. 이 과정에서 무수히 많은 베트민 병사가 죽었지만, 프랑스군의 피해도 날이 갈수록 늘어났습니다. 1946년 12월 베트민이 봉기한 이래 1954년 이전까지 프랑스 군인 7만 4,000여 명이 사망했고 부상자가 19만 명 발생했습니다.

베트남 국민 절대다수가 호찌민과 보응우옌잡이 이끄는 베트민에게 지지를 보내자, 프랑스 식민주의자들의 입지가 계속해서 위축되었습니다. 프랑스 군대는 베트남 농민의 절대적인 지지를 받고 있는 베트민이 장악한 농촌에 들어갈 수 없었고, 도시에서도 낮에만 활동할 수 있었습니다.

사실 제2차 세계대전 이전에도 베트남의 독립을 부르짖는 단체가 적지 않았지만, 마치 모래알처럼 흩어져 있어 국민의 폭넓은 지지를 받은 단체는 없었습니다. 하지만 호찌민이 이끄는 베트민이 국민의 전폭적인 지지를 얻자 프랑스는 차츰 궁지에 몰리게 되었습니다. 프랑스군은 베트민을 단번에 제압할 방법을 찾는 데 골몰한 끝에 최후의 결전을 준비하기 시작했습니다.

---

* 적의 배후나 측면을 소규모의 유격대가 기습·교란·파괴하는 전투.

최후의 결전, 프랑스의 패배로 끝난 디엔비엔푸 전투

1953년 5월 프랑스 정부는 베트민과 벌이는 소모적인 전쟁을 끝내기 위해 프랑스 군부 내 최고의 전략가로 존경받던 장군 앙리 나바르Henri Navarre를 베트남으로 보냈습니다. 나바르는 베트남 전 지역을 시찰하면서 기존 방식대로 싸우면 승산이 없다는 사실을 깨닫게 되었습니다. 호찌민은 "베트남 사람 10명이 죽더라도 프랑스 군인 1명을 죽이면 언젠가는 우리가 승리한다."라고 말하며 결사 항전을 부르짖었습니다. 더구나 베트민은 게릴라전을 펼쳤기 때문에 프랑스군은 끝도 없는 소모전을 치러야 했습니다.

나바르는 불리한 상황을 단숨에 뒤집기 위해 디엔비엔푸Dien Bien Phu 전투를 준비했습니다. 디엔비엔푸는 호찌민의 근거지인 북베트남 하노이 서쪽 300km 지점에 위치한 지역입니다. 그곳은 라오스에서 16km 떨어진 접경 지역으로 중국이 베트민에게 물자를 지원해 주는 주요 통로였습니다. 디엔비엔푸는 주변에 해발 1,000m가 넘는 험준한 산들로 둘러싸인 평평한 분

프랑스 최고의 전략가 앙리 나바르

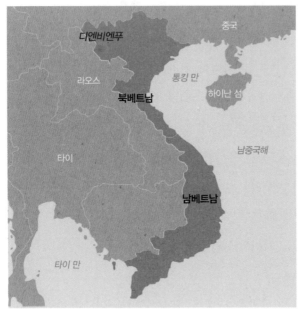

중국

디엔비엔푸

통킹 만

라오스

북베트남

하이난 섬

타이

남중국해

남베트남

타이 만

디엔비엔푸 위치

지로 특이한 지형 구조를 이루고 있습니다.

나바르는 디엔비엔푸를 장악해 보급로를 차단하면 베트민은 더는 버티지 못할 것이라고 판단했습니다. 더욱이 베트민이 디엔비엔푸로 몰려올 경우 막강한 화력을 총동원해 섬멸하면 지긋지긋한 전쟁도 끝날 것이라 기대했습니다. 다만 디엔비엔푸 작전을 성공시키기 위해서는 넓은 분지를 병풍처럼 둘러싸고 있는 높은 산들을 모두 장악해야 했고, 만약 단 한 개의 산이라도 베트민에게 빼앗기면 분지에 자리 잡은 주력 부대는 적의 공격에 그대로 노출되는 치명적인 상황을 맞이해야 했습니다.

산으로 둘러싸인 디엔비엔푸

나바르는 산 정상마다 튼튼한 요새를 만들고 강력한 대포와 기관
총을 설치하면, 가파른 산을 기어 올라와야 하는 베트민을 손쉽게 제
압할 수 있으리라 생각했습니다. 게다가 디엔비엔푸를 둘러싸고 있
는 해발 1,000m가 넘는 가파른 산 위로 베트민이 프랑스군에 치명적
인 타격을 줄 수 있는 대포나 곡사포* 같은 중화기를 옮기는 일은 상
식적으로 불가능하다고 판단했습니다.

1953년 11월 20일 프랑스군은 최정예 공수 부대의 낙하 작전으로
전투를 개시했습니다. 하늘을 가득 메운 거대한 수송기에서 프랑스

---

* 포탄이 곡선을 그리며 나가게 쏘는 포. 장애물 뒤에 있는 목표물을 맞히기 위하여 쓴다.

디엔비엔푸로 출발하는 프랑스 공수 부대

공수 부대가 낙하를 시작했고, 곧바로 디엔비엔푸는 프랑스군의 수
중에 떨어졌습니다. 프랑스군 선발대가 디엔비엔푸 분지에 활주로를
건설한 뒤, 대규모 인력과 장비가 쏟아져 들어와 디엔비엔푸는 순식
간에 군사 요새로 변했습니다.

　프랑스군은 분지 위에 과거 독일 국경 지역을 둘러싸고 만들었던
마지노선*을 본떠 튼튼한 요새를 구축했습니다. 또한 산 정상마다 대
포와 기관총을 배치해 베트민이 오기만을 기다렸습니다. 프랑스군이
베트민의 주요 보급로인 디엔비엔푸를 점령하자 베트민 수뇌부에서

---

* 제1차 세계대전 뒤, 프랑스가 대(對)독일 방어선으로 국경에 구축한 요새선. 1927년 당시 육군 장관 안드레 마지노가 건의하
　여 1936년에 완성했다.

하늘을 가득 채운 프랑스 공수 부대

는 대책을 두고 격론이 벌어졌습니다. 이미 1만 6,000명에 달하는 프랑스 대군이 전투에 유리한 산 정상을 차지했기 때문에 공격을 하지 말아야 한다는 사람들이 주류를 이루었지만, 보응우옌잡은 이번 기회에 프랑스군을 끝장내야 한다고 주장했습니다.

보응우옌잡은 "프랑스의 주력 부대를 몰살해야만 식민 통치를 종식시킬 수 있으며 이번이야말로 다시 오지 않을 절호의 기회이기 때문에 어떤 희생을 감수하고라도 전투에 임해야 한다."라고 외쳤습니다. 호찌민은 보응우옌잡의 의견을 받아들여 프랑스군과 치를 최후의 결전을 선택하고 베트남 사람들의 적극적인 참전을 호소했습니다. 베트남 전역에서 무려 젊은이 4만 명이 독립 전쟁을 치르기 위해

디엔비엔푸에 참호를 건설하는 프랑스군

디엔비엔푸에 탱크를 배치한 프랑스군

베트민의 근거지인 하노이로 모였습니다.

하노이에서 디엔비엔푸로 가는 길은 죽음의 길이나 다름없었습니다. 프랑스 공군 폭격기가 디엔비엔푸로 이동하는 독립군을 공격하기 위해 온종일 하늘을 맴돌았기 때문에 대규모의 병력 이동과 물자 운반이 쉽지 않았습니다. 베트남 독립군은 할 수 없이 기존 도로가 아닌 밀림을 헤치고 나가야 했습니다. 베트남 정글은 한치 앞이 보이지 않는 빽빽한 나무숲에 독사와 독충이 우글거렸지만, 베트남 독립군은 아랑곳하지 않고 걷고 또 걸었습니다.

갓 스무 살 안팎의 젊은이가 조국의 독립을 위해 사지로 떠나자 평범한 주민들도 군수 물자를 운반하기 위해 발 벗고 나섰습니다. 남녀

자전거로 물자를 운반하는 베트남 사람들

노소를 가리지 않고 베트남 국민 26만 명이 자발적으로 나서서 각자 감당할 수 있는 등짐을 짊어졌습니다. 어떤 이는 베트남 병사 1명이 이틀 정도 먹을 수 있는 식량을 전달하기 위해 1,000km 정도를 걷기도 했습니다. 농민들은 등에 5kg의 쌀을 짊어지고 이동하면서 4kg을 먹고 불과 1kg의 쌀만 병사들에게 건네줄 수 있었습니다. 이는 상식적으로는 터무니없는 행동이지만, 무수히 많은 사람이 군수 물자 운반에 참여했습니다.

주민들은 군수 물자를 운반하는 도중 밥을 짓기 위해 불을 피울 경우 프랑스 공군의 폭격을 받을 위험이 있기 때문에 생쌀을 씹어 먹어야 했습니다. 자전거가 있는 사람은 좀 더 많은 군수품을 나를 수 있었는데, 무려 자전거 2만 대가 정글을 누비며 물자를 실어 날랐습니다. 이처럼 호찌민의 군대는 베트남 사람 수십만 명의 도움으로 디엔비엔푸 인근에 집결해 본격적인 전투 준비에 나섰습니다.

하지만 산 정상에서 대포와 기관총으로 중무장하고 있는 프랑스군을 공격하는 일은 불가능에 가까웠습니다. 베트남 사람들이 힘들게 운반해 온 대포의 사정거리가 짧아, 산 정상의 프랑스군 요새에는 미치지 못했습니다. 더구나 베트민은 폭격기가 없었기 때문에 공습도 할 수 없는 처지였습니다. 이런 상태에서 베트민이 산 정상을 향해 무작정 돌격한다면 프랑스군의 기관총 때문에 누구도 살아남을 수 없는 상황이었습니다.

총사령관 보응우옌잡은 육중한 무게의 대포를 분해해 프랑스군 요새에 포격을 가할 수 있는 산 정상 부근까지 운반하기로 결정했습니다. 육중한 대포가 여러 조각으로 분해되었지만 한 조각마다 수백 kg에 달할 정도로 무거워, 이것을 절벽과 다름없는 산 위로 옮기는 데는 초인적인 노력이 필요했습니다. 수백 명이 밧줄을 잡고 함께 힘을 줄 때마다 대포는 몇 센티미터밖에 움직이지 않았지만, 계속해서 대포를 위로 끌어올렸습니다.

대포를 끌어올리다 묶어 놓았던 끈이 풀려 아래쪽에서 밀던 사람이 죽는 경우도 수시로 발생했지만 결코 작업을 중단하지는 않았습니다. 한 번은 대포에 묶어 놓은 밧줄이 끊어지자 그 순간 한 사람이 자발적으로 대포 밑으로 들어가 대포가 아래로 떨어지지 않도록 몸으로 막았습니다. 안타깝게도 그 사람은 대포에 깔려 죽었지만 그의 희생으로 아래쪽에 있던 많은 사람이 목숨을 구할 수 있었습니다. 무

산꼭대기로 대포를 끌어올리는 베트민 군대

려 100일 동안 대포를 운반한 끝에 드디어 산 정상의 프랑스군 요새가 사정권에 들어왔습니다.

베트민의 대포가 코앞에 설치되었지만 프랑스군은 이를 전혀 눈치채지 못했습니다. 베트민은 철저히 프랑스군이 잠든 밤에만 대포를 옮겼습니다. 산에 빽빽이 나무가 들어섰기 때문에 프랑스 공군의 공중 정찰로는 도저히 발견할 수 없었습니다. 더구나 베트민의 대포는 참호 속에 잘 위장되어 있었기 때문에 발견하기가 쉽지 않았습니다.

3개월 20일 동안 준비한 끝에 1954년 3월 13일 저녁, 베트민이 설치한 대포 200문에서 일제히 포탄이 발사되면서 최후의 결전이 막을 올렸습니다. 산 정상을 지키던 프랑스군은 갑자기 떨어지는 포탄에 놀라 허둥대다가 한 시간 만에 500명이 넘는 병사가 목숨을 잃었습니다.

포격을 멈춘 뒤 베트남군 4만 명이 일제히 프랑스군 요새로 돌격해 프랑스군과 격전을 벌였습니다. 너무 가까운 거리에서 양국 군이 충돌하다 보니 맨몸으로 싸우는 백병전이 벌어지기도 했습니다. 프랑스군은 뛰어난 성능을 자랑하는 최신 기관총으로 수많은 베트민 병사를 죽였지만 수적인 열세를 극복할 수는 없었습니다.

해질 무렵 시작된 전투는 한밤이 되자 베트민의 우세가 확연해지며 베트민이 점령하는 요새가 생겨나기 시작했습니다. 프랑스 공군은 막강한 화력을 가졌지만 달빛도 없는 밤에 양국 군이 달라붙어 백

공격을 준비하는
베트민 군대

병전을 벌이는 곳에 폭탄을 떨어뜨릴 수 없었습니다. 끝내 베트민이
산 정상을 차지해 분지에 모여 있던 프랑스군은 독 안에 든 쥐나 다
름없게 되었습니다.

베트민은 산 정상에서 대포를 발사해 프랑스군 활주로부터 파괴
했습니다. 항공기의 이착륙이 불가능하다면 프랑스군은 군수 물자
를 보급받을 수 없기 때문에 도저히 전쟁을 치를 수 없게 됩니다. 프
랑스군은 활주로가 파괴됨에 따라 외부 세계와 완전히 단절되었습니

포로가 된 프랑스군

베트민 군대에게 항복한 프랑스군

다. 이 상태에서 하루에 대포알 9천 발 이상이 프랑스군 진지에 떨어졌습니다. 프랑스군도 나름대로 용맹하게 싸움에 임해 56일 동안이나 베트민의 포탄 세례를 견뎌 냈습니다.

디엔비엔푸를 지키던 프랑스군 사령관은 사상자가 7,000명에 이르고, 군수품 부족으로 더는 싸울 수 없게 되자 1954년 5월 7일 마침내 항복 선언을 해야 했습니다. 프랑스군 사령관은 항복하기에 앞서 백기를 들지 않고 품위 있게 항복할 수 있도록 해 달라고 보응우옌잡에게 요청했습니다.

보응우옌잡은 프랑스군 사령부에 백기를 올리는 대신 '우리는 싸우면 반드시 이긴다.'라는 문구가 쓰인 베트민 깃발을 게양했습니다. 살아남은 프랑스군 1만 1,000명은 걸어서 하노이의 포로수용소까지 이동해야 했는데, 행군 도중 무려 8,000여 명이 병에 걸리거나 굶주림으로 죽으면서 더 큰 병력 손실을 입었습니다. 디엔비엔푸 전투에서 주력 군대를 모두 잃은 프랑스 정부는 더는 베트남 지배를 고집할 수 없었습니다.

제네바 회담, 베트남을 남북으로 가르다

프랑스가 과거 식민지였던 베트남을 또다시 지배하기 위해 일으킨 전쟁에서 베트민이 이긴다고 생각한 나라는 없었습니다. 제2차 세계대전을 계기로 프랑스의 국력이 많이 약화되었지만 프랑스는 유럽의 대표적인 강국이었기 때문입니다.

승리의 깃발을 흔드는 베트민 군인

1954년 7월 스위스 제네바에서 프랑스와 베트민의 평화 협정 체결을 위한 회담이 열렸습니다. 호찌민은 프랑스 세력을 조속한 시일 내에 베트남에서 철수시키고 선거를 통해 독립 국가를 세우려는 계획을 가지고 있었습니다. 하지만 미국, 프랑스, 중국 등 그 어느 나라도 베트남이 통일 국가가 되는 것을 원하지 않았습니다.

중국은 호찌민이라는 걸출한 지도자가 다스리는 베트남이 강대국으로 성장할 것을 우려했습니다. 예전부터 베트남이 라오스, 캄보디아 등 인근 인도차이나반도 국가들에게 큰 영향을 끼치며 큰형 행세를 하고 있었는데, 중국은 이를 탐탁지 않게 여겨 왔습니다.

프랑스 역시 자신에게 수모를 안긴 베트남이 잘 되는 것을 원하지 않았습니다. 미국은 베트남 문제를 세계 전략 차원에서 접근했습니다. 미국은 지구상에서 사회주의가 발붙일 수 없도록 하는 것이 국가

1954년 베트남 문제를 처리하기 위해 열린 제네바 회담

정책이었기 때문에 사회주의자 호찌민이 이끄는 베트남을 받아들일 수 없었습니다. 이처럼 베트남 주변의 강대국들은 저마다 가지고 있는 이유로 베트남이 통일 국가를 세우는 것을 원하지 않았습니다.

강대국들은 제네바 회담에서 호찌민에게 위도 17도선을 기준으로 이북은 사회주의 세력인 베트민이 통치하고, 이남은 자유 민주주의 세력이 임시 정부를 세워 통치하다가 2년 뒤 전국적인 선거를 실시해 통일 국가를 세우는 방안을 강요했습니다. 호찌민과 베트남 국민들 입장에서 보면 이것은 내정 간섭*에 지나지 않았지만, 약소국 지도자였던 호찌민에게는 선택의 여지가 없었습니다. 이 같은 분단 정책을 주도적으로 만든 나라는 미국입니다. 미국은 베트남에서 당장 대통령 선거를 실시할 경우, 호찌민이 압도적인 득표수로 승리할 것임을 잘 알고 있었기 때문에 어떻게 하든지 시간을 벌려고 했습니다.

미국은 위도 17도 이남의 남베트남을 친미 국가로 만들기 위해 치밀한 계획을 꾸미기 시작했습니다. 뼛속까지 친미적인 인사를 찾아 남베트남의 지도자로 앉힌 다음 배후에서 조종하는 꼭두각시 정책을 사용하기로 결정했습니다. 이때 등장한 사람이 응오딘지엠_{吳廷琰} 입니다. 그는 전형적인 베트남 상류층 출신으로 프랑스 유학까지 마친 철저한 반공주의자였습니다.

1945년 호찌민이 함께 독립 국가를 만들자고 제안했을 때도 그는 단번에 거절했을 정도로 사회주의자와는 상종조차 하지 않으려고 했습니다. 응오딘지엠은 10년 동안 미국 등지에서 망명 생활을 하면서 미국 지도층과 탄탄한 인맥을 쌓았습니다. 그는 국민 대부분이 불교 신자인 베트남에서 보기 드문 열성적인 천주교 신자였습니다. 젊은 시절 천주교 신부가 되려고 했을 정도로 천주교에 심취했으며, 천주교 신부처럼 결혼도 하지 않고 평생을 독신으로 지냈습니다.

1954년 응오딘지엠은 미국의 전폭적인 후원 아래 남베트남 임시

---

* 다른 나라의 정치에 간섭하거나 강압적으로 그 주권을 속박하고 침해하는 일.

정부의 수반이 되어 나라를 다스렸습니다. 그는 제네바 회담의 결과
에 따라 1956년에 치러야 하는 통일 국가를 위한 남북 베트남 통합
선거를 거부한 채, 남베트남 단독 선거를 추진했습니다. 이것은 전적
으로 미국의 뜻으로서 남베트남을 자국의 영향력 아래 두려는 속셈
에서 비롯되었습니다.

　1956년 10월 북베트남의 강력한 반대 속에 치러진 대통령 선거에
서 응오딘지엠은 '남베트남 공화국' 초대 대통령으로 선출되었습니
다. 호찌민은 남베트남 단독으로 치러진 선거에서 선출된 대통령의
정통성을 인정하지 않고 응오딘지엠을 분열주의자로 규정했습니다.
또한 베트남의 유일한 합법 정부는 1945년 9월 2일 베트민이 세운
'베트남 민주 공화국'이라고 주장하며 남베트남 공화국과 대립각을

세웠습니다.

    남베트남 대통령이 된 응오딘지엠의 주요 정책은 친미·반사회주의 외교 정책과 더불어 부유층 위주의 경제 정책이었습니다. 그는 대통령 선거에 출마할 때만 하더라도 친_親서민 정책을 내세우며 농민들에게 토지 재분배를 약속하고 표를 끌어모았습니다. 그러나 막상 대통령에 당선되자 태도를 바꾸어 국민들을 크게 실망시켰습니다.

    전형적인 농업 국가 베트남에서 토지의 분배 문제는 매우 민감한 사항에 속했습니다. 그동안 남베트남의 토지는 극소수의 부유층이 차지하고 있었기 때문에, 대다수 농민이 가난한 소작농 신세를 면하지 못하고 있었습니다. 대지주들은 대부분 과거 프랑스 식민 시절 친프랑스파 출신으로 매국의 대가로 토지를 하사받거나 힘없는 농민의 토지를 강제로 빼앗으면서 부를 늘려 왔습니다. 따라서 농민들은 불법으로 토지를 소유하게 된 지주들의 땅을 몰수해 농민들에게 골고루 나눠 주기를 간절히 소망했습니다.

    자신 역시 대지주 출신이었던 응오딘지엠은 농민과 한 토지 재분배 개혁에 대한 약속을 지키지 않았을 뿐 아니라, 농지 개혁을 요구하는 사람들에게 무자비한 공권력을 행사하며 민심을 잃어 갔습니다. 더욱이 천주교 신자였던 그는 정교분리* 원칙을 무시하고 천주교

---

* 교회와 국가가 서로 자기의 고유 영역을 지키는 한 상호 간섭하지 않는 원칙.

편향 정책으로 물의를 일으켰습니다. 그는 천주교 미사에 참석해 "남베트남을 성모마리아에게 통째로 바친다."라고 말했을 정도로 편향적인 종교관을 가지고 있었습니다.

남베트남민족해방전선, 베트콩의 탄생

응오딘지엠의 실정은 시간이 지날수록 그 정도를 더해 갔습니다. 그는 청렴하고 능력 있는 인재를 중용하지 않고, 국가 요직을 자신의 일가로 채우며 왕국처럼 나라를 운영했습니다. 또한 비밀경찰 조직을 만들어 친동생을 수장으로 임명해 공포 정치를 실시했습니다. 비밀경찰은 남베트남 사회 곳곳에서 남모르게 맹렬히 활동하던 최소 5만 명에 이르는 사회주의자를 색출해 처형했고, 그밖에도 국민들을 철저히 감시하며 오로지 응오딘지엠 개인에게 충성을 바쳤습니다.

응오딘지엠은 사회주의뿐 아니라 천주교 교리에 맞지 않는 것도 법으로 금지했습니다. 이를테면 간통과 낙태 등 천주교 교리에 배치되는 일은 모두 불법으로 간주해 법을 위반할 경우 엄벌에 처했습니다. 그뿐만 아니라 학문·언론·예술 분야에 대한 검열을 강화해 반反정부적이거나 지나치게 자유를 요구하는 서적, 예술 작품은 모두 제한했습니다. 이처럼 남베트남 정부가 국민을 강하게 탄압하자, 1960년 12월 남베트남의 자생적 사회주의 군사 조직인 베트콩Viet Cong이 생겨났습니다.

베트콩은 응오딘지엠 정권 붕괴와 남베트남의 공산화를 목표로 사회 곳곳에 침투해 정부 요인 암살, 반정부 시위 주도, 폭탄 테러, 방화 등으로 남베트남 사회를 불안하게 만들었습니다. 베트콩이 도처에서 응오딘지엠 정권을 위협하자 미국은 고심 끝에 남베트남에 미군을 파병하기로 결심했습니다. 하지만 베트남 사람들이 오랜 기간 프랑스의 식민 지배로 인해 외국 군대에 대해 극도의 반감을 보임으로써, 미군의 베트남 파병은 뜻대로 되지 않았습니다.

시간이 흐를수록 베트콩을 중심으로 한 반정부 투쟁이 격화되어 갔지만 위기의식을 느끼지 못한 응오딘지엠은 실정을 거듭해 민심의 이반이 극에 달했습니다. 이에 미국도 더는 그를 보호해 주려고 하지 않았습니다. 미국이 응오딘지엠을 감싸고돌지 않자, 1962년 공군이 쿠데타를 일으켰습니다. 남베트남 공군 폭격기가 응오딘지엠을 암살하기 위해 대통령궁에 폭탄을 투하해 건물 절반이 완전히 파괴되었지만, 때마침 그는 붕괴되지 않은 건물 쪽에 있어서 화를 면

베트남 곳곳에서 사회주의 활동을 한 베트콩

연일 시위로 몸살을 앓았던 남베트남

했습니다. 간신히 목숨을 건진 이후로도 그는 전혀 바뀌지 않고 오히
려 더욱 강력한 독재 정치를 펼쳤습니다.

응오딘지엠의 독재 정치가 강도를 더해 갈수록 베트콩의 활동 영
역은 넓어졌습니다. 지주의 수탈이 극성을 부리던 농촌은 베트콩의
주된 활동 공간이었습니다. 베트콩은 악질적인 지주에게 폭력을 가
하거나 암살이라는 극단적인 방법까지 동원하면서 가난한 농민의 마
음을 사로잡았습니다. 도시에서 활동하는 베트콩 역시 그 수가 수만
명에 달했으며 언론, 학계, 종교계 등 베트남 사회 전 분야에서 몰
래 활동했습니다.

베트콩이 제일 많이 암약한 곳은 시민 단체였습니다. 베트콩이 조직한 시민 단체는 겉으로는 민주주의, 북베트남과의 평화 통일, 반외세 등을 외치며 마치 숭고한 민족주의자인 것처럼 위장했지만, 이들의 진정한 목표는 베트남의 공산화였습니다.

종교계 역시 베트콩이 활약하기 좋은 공간이었습니다. 천주교 신부나 불교 승려 중 사회주의 사상에 매료되어 베트콩이 된 사람이 많았습니다. 이들은 종교인이라는 탈을 쓰고 신도들을 베트콩으로 만들었습니다. 베트콩 출신 언론인들은 연일 대중 매체를 동원해 정부와 미국을 비판하며 사회 혼란을 가중시켰습니다. 이처럼 정확한 숫자조차 파악할 수 없는 남베트남의 자생적 사회주의 세력인 베트콩이 앞장서서 사회를 뒤흔들자, 사회는 하루도 평온한 날이 없었습니다.

남베트남 전역에서는 하루가 멀다 하고 베트콩이 주도하는 반미·반정부 시위가 일어났으며 베트콩을 비판하는 사람은 쥐도 새도 모르게 실종되거나 암살되었습니다. 특히 베트콩과 사회주의를 경계해야 한다고 주장하던 언론인과 지식인이 거의 예외 없이 베트콩에게 암살되면서 남베트남의 우익 세력은 점점 위축되어 갔습니다.

비참한 최후를 맞게 된 남베트남의 독재자 응오딘지엠

1954년 프랑스 세력이 물러간 이후 남베트남에서 응오딘지엠은 독재 권력을 마음껏 휘둘렀습니다. 그는 집권 이후 계속 불교를 탄압해 왔지만, 불교도의 가장 큰 행사인 석가탄신일 행사까지 막지는 않

틱꽝득 스님의 소신공양일에 모인 스님들

있습니다. 그런데 1963년 5월 느닷없이 봉축 행사를 금지했습니다. 불교계 원로들이 대통령 궁을 찾아가 종교의 자유를 허락해 줄 것을 요청했지만, 그는 들은 척도 하지 않았습니다. 결국 당대 명망 있던 불교계의 원로 스님인 틱꽝득이 '소신공양'*이라는 극단적인 방법으로 불교 탄압에 대한 저항에 나섰습니다.

1963년 6월 11일 틱꽝득은 남베트남 수도 사이공(현재의 호찌민)의 대로 한가운데서 제자 수십 명과 많은 사람이 지켜보는 가운데 "내가 소신공양을 할 때 앞으로 넘어지면 나라가 망할 것이요, 뒤로 넘

---

* 부처에게 공양하기 위해 자신의 몸을 불사르는 것.

소신공양으로 불교 탄압에 저항한 틱꽝득

어지면 독재 정권이 무너질 것이다."라고 말했습니다. 말이 끝나기가 무섭게 틱꽝득은 소신공양으로 들어가 제자에게 온몸에 기름을 붓게 한 뒤 스스로 불을 붙였습니다.

틱꽝득의 몸은 순식간에 화염에 휩싸였지만 그는 숨이 끊어질 때까지 가부좌 자세를 유지하다 끝내 뒤로 넘어졌습니다. 이 모습을 지켜보던 제자들과 불교 신자들은 틱꽝득을 향해 연신 엎드려 절했고, 군중들을 제지하기 위해 투입되었던 군인과 경찰도 거수경례를 하며 세상을 떠나는 스님에게 최대한의 예의를 표했습니다.

틱꽝득의 소신공양 소식은 순식간에 언론을 통해 전 세계로 전파되어 많은 사람에게 엄청난 충격을 주었습니다. 소신공양 사건을 계기로 베트남 불교도들이 일제히 봉기해 종교의 자유를 외치며 연일 시위를 벌였습니다. 사태가 심상치 않게 진행되고 있었지만, 응오딘지엠은 사과는커녕 시위자를 향해 발포할 것을 명령하며 강경 진압에 나섰습니다. 대통령의 명령을 받은 경찰과 군인은 승려와 불교도를 향해 총을 발포해 수십 명을 죽였고, 절에 불을 지르는 등 온갖 만행을 저질렀습니다.

불교에 대한 막말로 물의를 빚은 쩐레수언

대통령의 불교 탄압에 저항하기 위해 무려 승려 36명이 소신공양 대열에 동참해, 이를 지켜보던 전 세계는 소스라치게 놀랐습니다. 이때 미혼인 대통령의 퍼스트레이디 역할을 수행하던 남동생의 부인 쩐레수언이 기자회견 도중 망언을 해 물의를 일으켰습니다. 그녀는 "소신공양은 땡땡이중의 바비큐 쇼에 불과하다. 앞으로 바비큐 쇼에 참여할 사람이 있으면 정부가 무료로 기름을 주겠다."라고 말하며 승려의 소신공양을 비웃었습니다.

대통령과 그 일가의 횡포가 극에 달하자, 불교도뿐 아니라 남베트남 전 국민이 들고일어나 대통령 일가의 퇴진을 요구했습니다. 사태를 주시하고 있던 미국은 독재자 응오딘지엠의 편을 들었다가는 궁지

처참한 최후를 맞은 응오딘지엠

에 몰릴 것을 우려해 그에 대한 지지를 철회하고 비판의 대열에 동참
했습니다.

　1963년 11월 1일 쿠데타가 일어나자, 미국에 기댈 수 없었던 응오
딘지엠은 남동생과 함께 대통령궁을 빠져나와 차이나타운으로 달아
났습니다. 하지만 그는 곧바로 쿠데타군에게 체포되어 재판 과정 없
이 즉결 처형되어 시신이 길바닥에 버려지는 치욕 속에 생을 마감했
습니다.

참전의 명분을 얻기 위한 미국의 자작극, 통킹만 사건

응오딘지엠이 죽은 뒤 남베트남 국민은 이전보다 더 나은 세상이 될 것이라는 기대에 한껏 고조되었습니다. 하지만 국민의 바람과는 달리 권력을 탐하는 군인들이 권좌를 차지하기 위해 수시로 쿠데타를 일으켜 남베트남은 이전보다 더 혼란해졌습니다. 혼란이 거듭되자 베트콩은 대대적인 무장 투쟁을 통해 사회주의 혁명을 이루려는 계획을 실천에 옮겼습니다. 남베트남의 극심한 혼란을 지켜보던 호찌민은 사회주의 혁명을 위한 때가 무르익었다고 판단해 베트콩에 대한 지원을 대폭 늘려 나갔습니다.

이 같은 상황을 주의 깊게 지켜보던 미국은 속이 편할 리가 없었습니다. 미국은 인도차이나반도 내의 최대 강국인 베트남이 공산화될 경우 인근 캄보디아, 라오스 등의 국가도 줄줄이 공산화가 되는 '도미노 효과*'가 발생할까 봐 두려워했습니다. 결국 미국은 군대를 파병해 남베트남에서 세력을 떨치는 베트콩을 섬멸하기로 결정하고 기회를 엿보았습니다.

하지만 아무리 남베트남이 친미 국가일지라도 엄연한 주권 국가이기 때문에 함부로 미군을 파견할 수는 없었습니다. 시간이 흘러도 베트남에 대규모 미군을 내보낼 대의명분을 찾을 수 없자, 미국은 아예 전쟁에 개입하기 위한 구실을 조작하기에 이르렀습니다.

---

* 어떤 하나의 사태가 원인이 되어 주변에 잇따라 비슷한 사태를 불러일으키며 확산되는 현상.

미국 정부가 북베트남군의 공격을 받았다고 주장한 구축함 매독스

　1964년 8월 2일 베트남 북부 해안에 위치한 통킹Tonkin만에서 작전을 벌이던 미국 구축함 매독스Maddox가 북베트남 경비정 3척에게 공격받았다고 미국 정부가 발표했습니다. 이틀 뒤인 8월 4일 미 해군의 터너 조이Turner Joy가 또다시 통킹만에서 북베트남 해군의 공격을 받았다는 발표가 언론을 통해 나간 뒤, 미국 사회는 들끓기 시작했습니다. 두 차례나 미 해군을 선제공격한 북베트남을 응징해야 한다는 여론이 미국 내에 팽배해지면서 전쟁 분위기가 고조되었습니다. 하지만 통킹만 사건은 미 국방부가 베트남 전쟁에 개입할 구실을 만들기 위해 꾸며 낸 자작극에 불과했습니다.

베트남 북부 해안에
위치한 통킹만

　　당시 미국 제36대 대통령인 린든 존슨Lyndon Johnson은 사건 발생 5일
만인 8월 7일 이른바 '통킹만 결의안'을 의회에서 승인받았습니다. '통
킹만 결의안'에는 '군 통수권자인 대통령이 미국에 대한 침략을 막기
위해 취하는 모든 조치를 의회가 승인하고 지지한다.'라는 내용이 담
겨져 있었습니다. 이것은 사실상 대통령 린든 존슨에게 북베트남을 상
대로 언제든지 전쟁을 일으킬 수 있는 권리를 부여한 것으로서, 이때
부터 미국은 '베트남 전쟁'이라는 기나긴 수렁으로 빠져들게 됩니다.

　　존슨은 미 해군을 선제공격한 북베트남에 대한 책임을 묻고, 남베
트남의 공산화를 막는다는 명분으로 미군을 대거 파견했습니다. 하
지만 존슨은 북베트남과 벌이는 전쟁에는 관심이 없었고, 베트콩 소

베트남 전쟁에 개입한 린든 존슨

베트남전이라는 수렁에 빠진 미군

호찌민 루트로 물자를 실어 나르는 베트콩

탕에만 열을 올렸습니다. 섣불리 북베트남을 공격했다가는 지난 한
국 전쟁 때처럼 중공군 수백만 명이 밀고 내려올 가능성이 있었기 때
문입니다.

1965년 남베트남에 파견된 미국 병력은 18만 명에 이르렀고, 1년
뒤인 1966년에는 48만 명에 이를 정도로 대규모 병력이 남베트남에
파견되었습니다. 미군이 남베트남에 쏟아져 들어오자, 베트콩은 게
릴라 조직으로 돌변해 미군을 괴롭히기 시작했습니다.

북베트남도 '호찌민 루트'라는 북베트남에서 남베트남으로 이어지
는 은밀한 보급망을 만들어 남베트남의 베트콩에게 군수 물자를 공

중국과 소련에게서
전쟁 물자를 제공받은 베트콩

급했습니다. 중국, 북한, 소련도 북베트남에 무기를 공급하고 군대를
파견하면서 깊숙이 개입했습니다. 이로 인해 베트남 전쟁은 한국 전
쟁 이후 10여 년 만에 벌어진 자유 진영과 공산 진영 간의 주도권 싸
움이 되었습니다.

참혹한 소모전

베트남의 역사는 끊임없이 외세의 침략을 받아 온 불행의 연속이

늪지대로 이동하는 베트콩

었습니다. 하지만 역사를 다른 방향에서 바라보면 승리의 역사이기도 합니다. 베트남은 중국 여러 왕조를 상대로 승리를 거두었으며, 한때 유라시아 대륙을 석권한 몽골 제국 군대도 격파했습니다. 20세기에 들어 프랑스와 일본을 격파했으며, 이후 자타가 공인하는 세계 최강 미국과 맞섰습니다.

　베트남이 열악한 무기로 강대국을 연달아 격파할 수 있었던 비결은 게릴라전에 능숙하기 때문입니다. 낮에도 해가 들지 않을 정도로 깊은 정글에는 독사나 해충이 득실거렸고 늪에 빠지면 헤어나지 못했습니다. 게다가 물에는 여러 가지 병균이 들끓어 타는 듯한 폭염으로 아무리 목이 마르더라도 물 한 모금 마음 놓고 마실 수 없었습니다. 베트남 군인들은 그러한 환경에 잘 적응되어 문제없이 전투를 수

정글에서 고전을 면하지 못한 미군

행했지만, 외국 군인에게 베트남 정글은 생지옥이나 다름없었습니다.

미국 젊은이가 베트콩과 맞서기 위해 정글에 투입되었으나, 머지 않아 희생자가 쏟아져 나왔습니다. 미국이 자랑하는 초대형 항공모함, 최신 전투기, 탱크, 장갑차 등 모든 무기가 베트남 정글에서는 전혀 사용할 수 없는 고철 덩어리와 다를 바 없었습니다. 지형에 밝은 베트콩은 미군이 무기를 사용할 수 없도록 철저히 정글에서 게릴라전을 펼쳤습니다. 이 때문에 미군은 베트콩을 제거하려면 위험을 무릅쓰고 정글 속으로 들어가야 했습니다.

베트콩은 미군이 지나가는 길목에 지뢰뿐 아니라 함정을 깊게 파고 그 밑바닥에 죽창을 꽂아 놓아 미군을 죽였습니다. 또한 미군이

미군이 다니는 길에 판 베트콩의 함정

다니는 길목에 매복해 있던 저격수가 미군을 살해하고 감쪽같이 사라져 미군은 작전을 나갈 때마다 극도의 공포감에 사로잡혔습니다. 이처럼 미군은 제대로 전투 한번 해 보지 못하고 속절없이 베트콩에게 당하면서 사상자가 급속히 늘었습니다. 사상자가 증가함에 따라 미국 내에서 참전을 기피하는 청년이 늘어나기 시작했습니다.

　제2차 세계대전 때만 하더라도 일본군이 하와이 진주만을 습격하자 미국 청년 수십만 명이 너나 할 것 없이 국가를 위해 싸우겠다며 자원입대를 신청했습니다. 그런 모습은 한국 전쟁 당시도 마찬가지였습니다. 그때는 무수히 많은 미국 젊은이가 어디 있는지 관심조차 두지 않았던 한국을 위해 기꺼이 목숨을 바쳐 싸웠습니다. 하지만 베트남 전쟁은 사회주의 북한군이 선전 포고도 없이 불법으로 남침한 한국 전쟁과 달리, 남베트남 내의 공산 세력인 베트콩을 제거하기 위한 전쟁이었기 때문에 미국 청년들의 지지를 끌어내지 못했습니다.

약자들의 전쟁

미국은 직업 군인만으로 베트남 전쟁을 치를 수 없게 되자 징병제를 도입해 18세에서 26세까지 젊은이를 강제 징집해 전쟁터로 내보냈습니다. 하지만 해당 나이의 모든 청년이 베트남으로 간 것은 아닙니다. 미국 정부는 '선별적 징병제'를 실시해 대학을 다니는 학생에게 군 입대를 연기해 주었습니다. 미국의 대학은 가난한 사람들이 다닐 수 없을 정도로 학비가 비싸 중산층 이상의 자녀들만 다닐 수 있

약자들의 전쟁으로 불린 베트남 전쟁

었습니다.

미국 정부가 대학생의 징집 연기를 인정해 줌으로써 상대적으로 가난한 흑인이 대거 전쟁터로 끌려가는 현상이 나타났습니다. 베트남전이 한창이던 1960년대 후반 흑인 청년의 대학 재학 비율은 5%에도 미치지 못해, 흑인 청년 95% 이상이 징집 대상자였습니다. 대학에 다니는 흑인 역시 상당수가 가정 형편이 어려워 학비를 마련하기 위해 휴학하는 경우가 많았습니다. 그런데 학교를 중퇴하거나 휴학할 경우 예외 없이 징집영장이 날아와 베트남으로 가야 했습니다.

이에 반해 경제적으로 중산층 이상이 대부분이었던 백인 청년은 학교를 졸업할 때까지 중단 없이 공부를 계속했습니다. 돈 많은 집 자식들은 대학 졸업 뒤 대학원에 진학하며 징집을 계속 연기할 수 있어 부유할수록 전쟁에 참여하는 비율이 낮았습니다.

징집된 모든 사람이 베트남전에 참전하는 것은 아니었습니다. 미국은 50개 주가 연합해 하나의 나라를 이루는 연방제 국가이기 때문에 징집된 군인 중 일부는 주방위군에 편입되어 고향에서 편안하게 군대생활을 했습니다. 그런데 주방위군에 편입되는 사람 대부분이 유력인사의 자식이었기 때문에 사회적 약자였던 흑인이 주방위군에 편입되는 경우는 드물었습니다. 미국 전체 인구에서 흑인이 차지하는 비율은 12%에 이르렀지만, 주방위군에 편입되는 비율은 채 2%에 이르지 못했을 정도로 보이지 않는 차별을 당했습니다.

미국의 흑인이 징집에서 적지 않은 불이익을 당하자, 세계권투협

미군의 징집을 거부한 무하마드 알리

회_{WBA} 헤비급 챔피언이었던 무하마드 알리_{Muhammad Ali}는 "흑인 인권을
보장해 주지 않는 미국을 위해 싸울 수 없고, 얼굴 한번 보지 못한 베
트남인에게 총을 쏠 이유가 없다."라고 말하며 징집을 거부했습니다.
이로 인해 무하마드 알리는 세계 챔피언 자격을 박탈당하고, 재판에
서 이길 때까지 권투 경기에 나갈 수조차 없었습니다.

그렇다고 해서 베트남 전쟁이 흑인에게 전적으로 나쁜 것만은 아
니었습니다. 백인에 비해 실업률이 두 배나 높았던 흑인에게 베트남
전쟁은 일자리를 얻고, 적지 않은 돈을 모을 수 있는 기회가 되었습
니다. 의무 복무를 마친 백인 대부분은 사회로 돌아갔지만, 일자리를
잡기가 쉽지 않았던 흑인 상당수는 군대에 남아 직업 군인의 길을 걸
었습니다.

베트남전은 이전에 미국이 참전한 전쟁과 달리, 가난한 백인과 흑

인이 주를 이룬 전쟁이었습니다.

미국의 동맹국으로서 베트남 전쟁에 참전한 한국군

1964년 본격적으로 베트남전에 개입한 미국은 전쟁을 일으킬 때만 해도 기껏해야 몇 달이면 베트콩을 섬멸하고 남베트남을 사회주의자에게서 지켜 낼 수 있다고 판단했습니다. 하지만 예상 밖으로 베트콩이 게릴라전을 펼쳐 미군의 희생자가 늘어나자, 미국은 한국을 비롯한 우방국에 지원을 요청했습니다. 한국 정부는 난처하기 그지없었습니다. 한국 전쟁 때 미국의 도움이 없었더라면 대한민국이라는 나라는 존재할 수 없었기 때문입니다.

하지만 한국 정부가 베트남으로 국군 장병을 보내는 결정을 하기란 쉽지 않았습니다. 세계 최강 미군마저 고전을 면하지 못하는 베트남에 한국군을 대거 파견할 경우 입게 될 인명 피해는 가늠조차 할 수 없는 상황이었기 때문입니다. 게다가 베트남전은 적군과 아군의 구분조

한국군의 참전을 강력히 요청한 린든 존슨

사상 처음으로 해외 파병에 나선 한국군

베트남으로 떠나는 장병을 환송하는 가족들

차 되지 않는 모호한 전쟁이었습니다. 베트콩은 군복을 입지 않았기에 어느 누구라도 평범한 베트남 사람과 베트콩을 구분할 수 없었습니다. 미군에게 물건을 팔러 온 어린 소녀의 바구니에 있던 시한폭탄이 터져 떼죽음을 당하는 미군이 속출했을 정도로 베트남전은 전후방 개념이 없는 전쟁이었습니다.

한국 정부가 파병을 선뜻 결정하지 못하자 미국은 한국에 배치되어 있는 주한 미군을 베트남으로 보내겠다고 통보하며 압박했습니다. 1960년대까지만 하더라도 한국의 군사력은 북한군에 비해 현저히 떨어져, 주한 미군이 철수하면 단독으로는 도저히 북한군을 막아낼 수 없는 상태였습니다. 더구나 당시 북한을 다스리던 김일성은 중

아들을 떠나보내는
어머니의 슬픈 표정

전투 중에 위험에 노출된
아이들을 구하는 한국군

국의 주석 마오쩌둥에게 "더 늦기 전에 한국과 다시 한번 싸우고 싶다."라고 말하며 미군이 철수하면 곧바로 전쟁을 일으키려고 준비하고 있었습니다.

한국 정부는 미군이 한반도에서 철수하는 것을 막기 위한 고육지책으로 베트남에 대규모 전투병을 보낼 수밖에 없었습니다. 1964년 9월 의무병과 태권도 교관 등 한국군 선발대 140명이 베트남에 도착하면서 역사상 최초로 한국군 해외 파병이 시작되었습니다. 뒤이어 같은 해 12월 18일 주한 미국 대사가 한국 대통령 박정희를 방문하여 한국군 증파를 요청했습니다.

한국 정부는 베트남전에 1965년부터 전투 부대를 파병하기 시작해서 1973년 철군할 때까지 8년 5개월 동안 32만여 명에 달하는 인원을 참전시켰습니다. 이는 미군 다음으로 많은 수입니다. 한국군은 다른 참전국인 오스트레일리아, 뉴질랜드, 타이, 필리핀처럼 미군 휘하에 배속되어 미군 사령부의 지시에 따라 싸운 것이 아니라, 독자적인 작전권을 가지고 주체적으로 전쟁을 치렀습니다.

한국군이 맞닥뜨린 베트남의 현실은 암담하기 그지없었습니다. 무더운 날씨나 정글보다도 더 큰 문제는 부패할 대로 부패한 남베트남 군대였습니다. 미군이나 한국군과 달리 남베트남 군인에게는 애국심

베트남 정글에서 작전 중인
한국군

베트남 사람을 돌보는
한국군 의무 부대

한국군의 용맹함을 보여 준 베트남 파병 군인들

이나 군인 정신 따위는 애당초부터 없었습니다. 10만 명이 넘는 부유층 자식이 상부에 뇌물을 바치고 군인 신분으로 해외 유학을 떠나거나 군대를 떠나서 생활했습니다.

남베트남 장군은 장병에게 모범을 보이기는커녕 미국이 지원한 무기를 베트콩에게 팔아넘기며 자신의 배를 불리기에 여념이 없었습니다. 남베트남군 군량미 창고에서 군량미 50만이 감쪽같이 사라지기도 했으며, 군수품 관리를 맡은 2사단장은 아예 도둑 장군이라는 오명을 얻었을 만큼 부정부패가 심각했습니다. 또한 남베트남군에는 셀 수 없이 많은 베트콩이 잠입해 거의 모든 군사 정보를 빼돌렸습니다. 이들은 한국군의 배치 상황은 물론, 작전 계획까지 미리 베트콩에게 알려 우방국 군인을 죽음에 몰아넣었습니다.

한국군이 언제 어디로 출동할지 미리 알고 있었던 베트콩은 잠복해 있다가 공격을 가해 수많은 사상자를 냈습니다. 사회주의 베트콩에게서 나라를 지킬 의지가 별로 없었던 남베트남 군인과 함께 전쟁을 치러야 하는 한국군의 고초는 상상을 초월할 정도로 심했습니다.

그러나 최악의 상황에서도 한국군은 베트콩을 상대로 큰 전과를 올리며 미군을 놀라게 했습니다. 한국군은 무수히 많은 전투를 치르면서 베트콩을 수만 명이나 사살해 잘 훈련된 정예군으로서의 능력을 유감없이 발휘했지만 5,000명이 넘는 군인이 살아 돌아오지 못했습니다.

베트남 전쟁의 전환점, '구정 대공세'

미국이 남베트남의 베트콩을 상대로 맹공을 퍼붓자 그 배후 세력인 북베트남도 가만히 두고 볼 수만은 없었습니다. 미국은 확전을 우려해 북베트남에 대한 공격을 자제하고 있었기 때문에 북베트남 정규군이 남베트남을 침공하리라고는 생각조차 못 하고 있었습니다. 이 점을 노려 미국을 선제공격하기로 마음먹은 호찌민은 북베트남 대군이 일시에 국경을 넘어 남베트남의 미군을 공격한다면 치명적인 타격을 줄 수 있다고 생각했습니다.

하지만 북베트남 대군을 미군 모르게 남베트남으로 보내는 일은 쉽지 않았습니다. 미국의 수많은 군사 위성과 정찰기가 북베트남군의 동향을 실시간으로 파악하고 있었기 때문에 섣불리 움직였다가는 미군 폭격기의 폭탄 세례를 받고 몰살당하기 십상이었기 때문입니다.

호찌민은 미국이 생각하지도 못한 방식으로 북베트남 정규군을 남베트남으로 내려보냈습니다.

유교권 국가인 베트남은 1월 1일 신정보다는 구정을 설날로 맞이해 온 가족이 함께 모여 명절을 보냅니다. 이로 인해 구정 며칠 전부터 연휴가 시작되어 온 나라가 고향을 찾아 떠나는 사람들로 북적입니다. 북베트남에 고향을 둔 무수히 많은 남베트남 사람이 국경을 넘어 북쪽으로 이동했고, 마찬가지로 북쪽 사람이 남쪽으로 내려왔습니다.

북베트남은 미군 측에 민족 최대 명절인 구정 기간만큼은 휴전을 하자고 제의했고 미군도 흔쾌히 받아들였습니다. 호찌민은 북베트남 군인을 고향을 찾아가는 귀성객으로 위장시켜 남쪽으로 내려 보냈습니다. 군복을 벗고 평범한 사복으로 갈아입은 북베트남 군인 수만 명이 귀성 버스에 몸을 싣고 남쪽으로 내려왔지만, 미군으로서는 군인인지 민간인인지 알아차릴 방도가 없었습니다. 전쟁에 필요한 무기는 소녀나 노인 등 미군이 의심하지 않을 만한 사람들이 끄는 손수레에 숨겨져 남쪽으로 운반되었습니다.

1968년 1월 30일 새벽 북베트남 정규군과 베트콩 8만 5,000여 명은 베트남의 주요 도시에서 일제히 미군에 대한 전면적인 '구정 대공세'에 나섰습니다. 북베트남군과 베트콩이 가장 중요한 공격 목표로

민간인으로 위장해 내려온
북베트남 군인들

시가전으로 이어진 구정 대공세

삼은 곳은 미국을 상징하는 사이공 주재 미국 대사관이었습니다. 베트콩 자살 특공대 19명이 미국 대사관으로 돌진하여 대사관 건물 아래층 일부를 장악해 미국을 깜짝 놀라게 했습니다. 자살 특공대가 철옹성으로 불리던 대사관을 점령하자 미군은 공수 부대를 대사관 옥상으로 내려 보내 베트콩 특공대를 제압하려고 했습니다. 이 과정에서 6시간 동안 치열한 교전이 벌어졌고, 이 장면은 텔레비전을 통해 미국에 실시간으로 중계되었습니다.

미군 공수 부대가 베트콩 전원을 사살하면서 미국 대사관 점령 사건은 마무리되었지만, 이 과정에서 미군 7명이 목숨을 잃는 불상사가 발생했습니다. 북베트남의 허를 찌르는 공격으로 남베트남 중소 도시 13개가 사회주의자에게 함락되었고, 미군은 빼앗긴 도시를 되찾기 위해 사상 최대 시가전을 벌여야 했습니다.

미군은 베트남의 빼곡한 건물과 좁은 도로에서 8만 명이 넘는 북베트남군과 한 달 넘게 격렬한 시가전을 펼쳐 적군 3만 7,000여 명을 사살하는 성과를 올렸습니다. 이 과정에서 미군도 2,500여 명이 사망했지만, 적군을 10배 이상 사살했기 때문에 미군의 대승이나 다름없었습니다.

잘못된 보도로 언론전에서 진 미국

북베트남 군대가 사활을 걸고 일으킨 구정 대공세에서 미국은 승리를 거두었지만, 이를 현장에서 중계하던 미국 언론은 일제히 부정적인 보도를 했습니다. 어떤 전쟁에서든 아군의 인명 손실은 있기 마

미군의 피해만을 집중 부각한 미국 언론

종군 기자 에디 애덤스

런인데, 미국 언론은 이를 확대 보도하면서 마치 미군이 북베트남 군대에 밀리고 있으며, 앞으로도 이길 수 없을 것 같다는 전망을 쏟아 냈습니다. 피를 흘리면서 죽어 가는 미군의 모습을 방송으로 지켜본 미국 사람들은 전쟁에 대한 공포심을 느껴, 언론에서 주장하는 것처럼 협상을 통해 한 시라도 빨리 전쟁을 끝내야 한다고 생각하기 시작했습니다.

게다가 베트콩이 장악한 남베트남의 언론은 베트콩이 학살한 민간인 사진을 대서특필하면서 마치 미군이나 한국군이 학살한 것처럼 뒤집어씌우는 방법으로 여론을 조작했습니다. 미국 언론은 시청률을 높이기 위해 사실 확인도 제대로 하지 않고 그대로 방송을 내보내 미군의 사기와 도덕성에 치명적인 타격을 주었습니다.

베트남 전쟁 기간 중 일어난 최악의 오보는 '사이공식 처형'에 관한 기사입니다. AP통신사* 종군 기자인 에디 애덤스Eddie Adams는 구정 대공습이 한창이던 1968년 2월 1일 남베트남군을 따라 취재에 나섰

---

* 미국 뉴욕에 위치한 다국적 비영리 통신사로 미국에서 가장 오래된 세계 최대의 통신사.

습니다. 남베트남의 수도 사이공 거리에서 남베트남 군인들이 베트콩 한 명을 생포해 응우옌응옥로안Nguyễn Ngọc Loan 경찰 국장 앞으로 데려왔습니다. 경찰 국장은 현역 육군 준장으로 사이공의 치안을 담당하던 경찰 책임자였습니다.

남베트남 군인에게 끌려온 사람은 베트콩의 악명 높던 암살단 대장 응우옌반렘Nguyễn Văn Lém이었습니다. 그는 수십 명의 경찰, 군인은 물론이고 그들의 가족까지 서슴없이 살해한 극악무도한 테러리스트였습니다. 그는 무고한 남베트남 사람뿐 아니라 미군마저 살해했기 때문에 오래전부터 남베트남 당국의 현상 수배 대상자 명단 맨 위에 이름을 올리고 있던 범죄자였습니다. 베트콩 토벌 작전을 실시하던 남베트남 군인들은 그를 금방 알아보고 체포 작전을 벌여 응우옌응

남베트남 경찰 국장에게 즉결 처형당하는 응우옌반렘

언론의 영향으로 미국 전역에서 일어난 반전 시위

옥로안 앞에 데려온 것입니다. 응우옌응옥로안은 부하들에게 테러범을 즉결 처형하라고 명령했지만, 베트콩의 보복을 두려워한 남베트남 군인들은 어쩔 줄 몰라 하고 있었습니다.

당시 남베트남은 전시 상태였고 범인은 군인 신분이 아닌 테러범이기 때문에 전쟁 포로로 대우해 줄 필요가 없어 즉결 처형은 법적으로 문제될 것이 없는 상황이었습니다. 응우옌응옥로안은 부하들이 범인을 명령대로 처리하지 못하자 직접 처형에 나섰습니다. 그는 범인을 처형하기 전에 "테러범은 무고한 사람을 많이 죽인 놈이다. 부처님도 나의 행동을 용서하실 것이다."라고 말하며 범인의 머리에 권총을 발사했습니다. 머리에 총알이 관통한 테러범은 그 자리에 주저

앉으며 죽었습니다.

베트콩 용의자 응우옌반렘을 즉결 처형하는 장면을 에디 애덤스가 카메라 렌즈에 고스란히 담아 미국 본사로 전송했습니다. 미국 AP통신은 이 사진이 품고 있는 진실을 사실과 다르게 해석한 채 '사이공식 처형'이라는 이름으로 특종 보도해 마치 민주주의를 요구하는 무고한 시민을 남베트남 장군이 잔인하게 학살하는 장면인 것처럼 내보냈습니다.

이 사진은 제대로 된 재판 과정 없이 길거리에서 무고한 시민을 살해하는 장면으로 오해되어 미국 사회를 발칵 뒤집었습니다. 미국 사람들은 무고한 젊은 청년을 내키는 대로 살해하는 남베트남 군인의 잔인성에 치를 떨며 그런 나라를 지키기 위해 미군을 보내는 것은 크게 잘못된 일이라고 생각했습니다. 이 사진을 계기로 미국 내 반전 여론이 급격하게 형성되어 연일 베트남전 종식을 요구하며 응우옌응옥로안을 전범 재판에 넘기라는 시위가 계속되었습니다.

얼마 뒤 에디 애덤스는 처형당한 사람이 무고한 젊은이가 아니라 악명 높은 테러리스트였다는 사실을 알게 됨과 동시에 즉결 처형도 법적으로 아무런 문제가 없다는 사실을 알게 되었습니다. 에디 애덤스는 AP통신 본사에 잘못된 사실 관계를 바로잡아 정정 보도를 해 줄 것을 요구했지만 본사는 이를 거절했습니다. 이미 사진이 너무 유명해져 만일 회사 측에서 오보라고 발표하면 AP통신의 이미지가 크게 실추될 것을 염려했기 때문입니다. 이로 인해 응우옌응옥로안은

평생을 살인자라는 누명을 쓰고 살아야 했던 응우옌응옥로안

실추된 명예를 회복하지 못한 채 사악한 군인의 전형으로 남게 되었습니다.

응우옌응옥로안은 남베트남 군대 내 극소수 엘리트 장교가 될 수 있다는 프랑스 공군 학교에서 공부한 인재였습니다. 프랑스 공군 학교에서 조종사 교육 과정을 이수한 그는 남베트남 최초의 폭격기 조종사가 되는 영광을 누렸으며, 비행기 조종술은 타의 추종을 불허할 만큼 뛰어났습니다. 그는 도망치기 바빴던 여느 남베트남 군인과 달리 선두에서 전투를 지휘한 장군이었습니다. 그러나 응우옌응옥로안은 전투 중 베트콩이 쏜 총에 맞아 큰 부상을 당해 결국 군복을 벗게 되었습니다.

이후 응우옌응옥로안은 미국 버지니아로 이주해 작은 피자 가게

편파 보도로 부와 명예를 한 몸에 얻은 에디 애덤스

를 열고 소시민으로서 생활을 시작했지만 머지않아 '사이공식 처형'
의 주인공이었다는 사실이 알려지면서 수난이 시작되었습니다. 이웃
들은 그를 '악질 전쟁 범죄자'라고 여겨 손가락질하며 그의 가게에
대한 불매 운동을 벌였습니다. 결국 그는 평생 동안 '무고한 시민을
즉결 처형한 살인마'라는 낙인 속에 살다가 1998년 쓸쓸히 사망했습
니다.

이에 반해 에디 애덤스는 1969년 기자로서 누릴 수 있는 최대 영
광인 퓰리처상*을 수상하며 최고 기자라는 명성을 얻었습니다. 사건

---

* 미국에서 가장 권위 있는 보도·문학상.

의 전모를 누구보다 잘 알고 있었던 그는 사실을 밝혀 응우옌응옥로안의 억울함을 풀어 줄 수 있었지만, 자신이 얻게 된 명성을 잃고 싶지 않아 침묵했습니다.

2001년 에디 애덤스는 중병에 걸려 시한부 판정을 받은 뒤에야 텔레비전 방송에 출연해 33년 만에 사건의 전말을 밝히며 이미 고인이 된 응우옌응옥로안에게 사과했습니다. 그는 "사진은 세상에서 가장 강력한 무기다. 사람들은 사진을 믿지만, 사진은 교묘한 조작 없이도 거짓말을 한다. 장군은 총으로 베트콩을 죽였지만, 나는 카메라로 장군을 죽였다."라고 말하며 자신의 잘못을 시인했습니다.

이처럼 베트콩이 장악한 현지 언론과 미국 언론이 편파 보도를 쏟아 내는 바람에 미국 정부는 궁지에 몰리게 되어 결국 철수를 결심하게 되었습니다. 호찌민의 구정 대공세는 많은 사상자를 낸 군사적으로는 실패한 작전이지만, 정치적으로는 보기 드물게 성공한 경우입니다.

폭격과 휴전

북베트남의 구정 대공세 이후 미국 언론의 비관적인 보도로 여론이 악화되자 미국 대통령 린든 존슨은 더는 베트남전을 지속할 수 없었습니다. 하지만 느닷없이 미군을 철수시킨다면 국제적인 망신을 당할 것이 분명했기 때문에 수모를 당하지 않고 베트남전을 마무리하기 위한 묘책 찾기에 부심했습니다. 고심 끝에 미국이 찾아낸 해법

은 위도 17도를 기준으로 북베트남과 남베트남이 서로의 존재를 인정하며 두 개의 나라로 존속하는 휴전 협정을 맺는 것이었습니다.

1968년 봄, 미국이 북베트남에 휴전 협정을 맺자고 제안했지만 호찌민은 내키지 않았습니다. 미국의 요구대로 현재의 국경선을 그대로 유지하는 휴전 협정을 맺을 경우, 베트남의 분단 상태가 영구적으로 지속될 것이기 때문입니다. 호찌민은 베트남이 두 개로 쪼개진 분단 국가로 남지 않으려면 끝까지 싸우는 길밖에 없다고 판단했습니다.

북베트남이 협상장에 순순히 나오지 않자 미국은 북베트남에 사상 최대 규모의 폭격을 가하기 시작했습니다. 사실 미국은 베트남 전쟁 개시 이후 지상군을 북베트남으로 보내지 않았을 뿐, 전략적 필요에 따라 수시로 북베트남을 공중 폭격했습니다. 1964년 베트남 전쟁

북베트남 폭격에 나선 B–52

불바다가 된 북베트남

미군의 폭격으로 파괴된 건물

폭격으로 초토화된 북베트남

베트남전에서 발을 뺀 미국 제37대 대통령 리처드 닉슨

시작 당시 공군 참모총장이었던 커티스 르메이_{Curtis LeMay}는 제2차 세
계대전 때 '도쿄 대공습'의 주역으로 네이팜탄을 이용해 일본 전역을
불바다로 만든 장본입니다.

르메이는 대통령 존슨에게 "북베트남에 대한 무제한 폭격이야말
로 전쟁을 가장 빨리 종식시키는 지름길이다."라고 말하며 폭격의 필
요성을 강조했습니다. 그는 기자들과 만난 자리에서도 "무지막지한
폭격으로 북베트남을 석기 시대로 돌려놓겠다."라고 호언했을 정도
로 폭격 마니아였습니다.

베트남전이 일어난 이후 지속되던 공중 폭격은 북베트남이 미국의
휴전 협정 체결에 대한 요구를 거절하고 나서 대폭 강화되었습니다.
시간이 흐르자 북베트남의 발전소, 교량, 도로, 항만, 철도, 공항 등 중
요한 산업 시설이 미군의 융단 폭격으로 대부분 파괴되어 르메이의
말처럼 북베트남은 석기 시대처럼 변해 갔습니다.

1968년 12월에 치러진 미국 제37대 대통령 선거에서 베트남전 종

전과 미군 철수를 공약으로 내세운 공화당 출신 리처드 닉슨_{Richard Nixon}이 당선되면서 베트남 전쟁은 새로운 국면으로 접어들었습니다.

닉슨은 베트남전에서 발을 빼기 위해 1969년부터 베트남에서 미군을 점진적으로 철수시켰습니다. 미국이 먼저 군대를 철수하며 평화 정착을 위한 분위기를 만들자 북베트남도 협상 테이블로 나와 휴전 협상에 임했습니다. 양국은 무수한 만남 끝에 1973년 1월 파리에서 휴전 협정을 체결해 10년 가까이 계속되었던 전쟁을 종식했습니다.

파리 협정은 '미국은 남베트남에서 군대를 철수하고 북베트남은 남베트남을 침공하지 않는다.'라는 약속을 주요 골자로 하는 평화 협정입니다. 미국은 북베트남이 약속을 어기고 남침을 할 경우 다시 미군을 파병하고 북베트남에 대한 핵 공격도 불사하겠다고 위협하며

북베트남과 휴전 협정을 맺는 미국

미군의 첨단 무기를 물려받은 남베트남군

남베트남을 지키려고 했습니다.

　미국은 남베트남 사람들이 미군 철수에 대해 불안해하자 미군이 보유하고 있던 최신 무기를 대거 남베트남군에 무상으로 주었습니다. 미군이 남겨 놓은 무기의 종류와 양은 엄청나 최신 공군기만 해도 1,800대에 이르러 남베트남은 당시 세계 4위의 공군력을 한순간에 확보했습니다. 미국은 전투기뿐 아니라 해군용 군함, 전차, 장갑차, 공격용 헬기 등 수십조 원이 넘는 무기를 지원해 주어 남베트남이 북베트남의 군사력을 압도할 수 있도록 조치했습니다. 남베트남군은 미국의 전폭적인 지원 덕분에 화력으로만 본다면 북베트남은 물론 중국과 소련을 제외한 그 어느 나라와 싸워도 이길 수 있는 힘을 갖추게 되었습니다.

미군의 철수, 공산화된 베트남

1969년부터 미군의 단계적 철수가 시작되자 베트콩은 물 만난 고기처럼 활동 영역을 넓히기 시작했습니다. 그들은 미군이 완전히 철수하는 1973년 이전까지는 남베트남에 심각한 영향을 주지 못했지만, 미군이 남베트남에서 사라진 이후부터는 거칠 것이 없었습니다. 남베트남에서 베트콩과 그 동조 세력은 국민 2,000만 명의 0.5%에 지나지 않는 10만 명 남짓했지만, 나라를 망하게 하는 데는 충분했습니다.

1975년 남베트남이 패망한 뒤 그동안 고위급 인사가 대거 베트콩의 간첩으로 활동한 실체가 드러나 남베트남 사람에게 큰 충격을 주었습니다. 대표적인 인물이 쭈옹딘쥬입니다. 그는 유명 변호사 출신

베트남에서 철수하는 미군

으로 정계에 입문한 뒤에는 야당 지도자로 활동하며 남베트남 국민에게 막강한 영향력을 행사했습니다. 또한 대통령 선거에도 출마해 아쉽게 낙선했을 정도로 남베트남 정치권을 상징하는 인물이나 다름없었습니다.

그는 스스로를 평화주의자로 자처하며 남베트남 국민을 향해 "동족상잔의 전쟁으로 인해 시체가 쌓여 산을 이루고 있습니다. 우리 조상이 외세를 끌어들여 동족끼리 피를 흘리며 싸우는 모습을 하늘에서 내려다본다면 얼마나 슬퍼하겠습니까? 동족인 북베트남과는 얼마든지 대화가 가능합니다. 평화적으로 남북문제를 해결합시다."라고 외치며 미국을 외세로 몰아붙여 반미 감정을 부추겼습니다.

쭈옹딘쥬뿐 아니라 수많은 남베트남의 국회 의원, 장관, 고위 공무원, 군 장성 등 의회와 정부 요직에 베트콩이 득실거렸습니다. 특히 나라를 지켜야 할 군대는 베트콩 소굴이나 다름없었습니다. 남베트

베트콩의 간첩으로 밝혀진
쭈옹딘쥬

남 해군 장성은 미군이 남겨 놓은 군함을 몰래 빼돌려 북베트남에 넘겨주었으며 공군 비행장을 지키던 병사는 몇 천 원짜리 수류탄으로 수십억 원에 이르던 최첨단 전투기를 폭파했습니다. 이들은 모두 베트콩과 내통하는 첩자였습니다.

가방이나 차로 운반할 수 있는 무기는 대량으로 빼돌려져 베트콩 손에 들어갔다가 북베트남으로 운반되었습니다. 베트콩이 아닌 평범한 남베트남 군인도 자신의 배를 불리기 위해 온갖 군용 물자를 빼돌려 암시장에 내다 팔았습니다. 미국이 매년 수조 원의 돈과 무기를 남베트남 정부에 지원하며 공산화를 막으려고 아무리 노력해도 부패가 극치에 다다랐던 남베트남은 밑 빠진 독이나 다를 바 없었습니다.

남베트남 정부가 부정부패 때문에 제대로 기능을 발휘할 수 없게

미국의 혼란을 틈타 남베트남을 침공한 북베트남군

되자 민심 이반이 가속화되어 매일같이 반정부 시위가 벌어졌습니다. 더욱이 1972년 6월, 그동안 남베트남의 최대 후원자였던 미국 대통령 리처드 닉슨이 '워터게이트 사건*'에 연루되어 사실상 통치력을 상실하며 미국은 권력의 부재 상태에 빠져들었습니다. 이처럼 남베트남 정부가 대내외적인 위기에 봉착하자 이를 유심히 지켜보던 북베트남은 은밀히 남베트남 침공을 준비하기 시작했습니다.

1975년 3월 10일 북베트남군이 국경을 넘어 쳐들어오자 남베트남의 베트콩도 일제히 봉기에 나섰습니다. 당시 북베트남 군인들이 가

---

* 1972년 6월 대통령 R. M. 닉슨의 재선을 획책하는 비밀 공작반이 워싱턴의 워터게이트 빌딩에 있는 민주당 전국 위원회 본부에 침입하여 도청 장치를 설치하려다 발각·체포된 미국의 정치적 사건. 이 사건으로 닉슨 정권의 선거 방해, 정치 헌금의 부정 수뢰, 탈세 등이 드러났으며 1974년 닉슨은 대통령직을 사임하게 된다.

군화와 군복을 버리고 달아난 남베트남군

진 무기는 남베트남군에 비해 형편없어서 남베트남군이 보유하고 있는 미제 무기로 충분히 막아 낼 수 있었지만 남베트남 군인은 도망치기 바빴습니다.

북베트남의 침공에 남베트남 대통령은 압도적인 우위를 가진 공군력을 활용하기 위해 공군에 출격 명령을 내렸습니다. 이때 가장 먼저 출격한 남베트남 공군 조종사 1명이 전투기를 남베트남 대통령궁으로 돌려 고성능 폭탄을 투하한 뒤 북베트남으로 도주하는 어처구니없는 사태가 벌어졌습니다. 도주한 남베트남 공군 조종사는 베트콩 출신으로 최신 전투기를 몰고 북베트남에 착륙해 국가적인 영웅 대접을 받았습니다.

북베트남군에 항복한 남베트남군

　병력 수만 명에다 탱크, 장갑차, 대포, 미사일 등 각종 무기로 중무
장한 남베트남 군대는 소총을 들고 공격해 오는 북베트남군 수백 명
에게 연전연패하는 기이한 현상이 벌어졌습니다. 북베트남 군인의
공격 소식만 들려오면 군대 내 최고 책임자인 장군들이 제일 먼저 달
아났습니다. 이후 장교들이 도망쳤고 마지막에는 사병들이 달아났습
니다. 남베트남군은 무기는 물론 군복과 군화마저 버리고 도주했습
니다.

　베트남군이 패배를 거듭하자 1975년 4월 21일 남베트남 대통령
응우옌반티에우Nguyễn Văn Thiệu가 텔레비전에 얼굴을 내밀고 대국민 담
화를 발표했습니다. 그는 특별 담화에서 국민을 향해 "미국이 우리를
돕지 않는 것이 유감이다."라며 미국을 강력히 비판한 뒤 미군이 제
공한 수송기를 타고 외국으로 달아났습니다. 그는 허겁지겁 도망가
는 과정에서도 커다란 여행용 가방에 그동안 부정 축재로 모은 금괴
를 가득 채워 탈출을 돕던 미군을 놀라게 했습니다. 그의 가방 속에

북베트남군이 쳐들어오자
도망치기 급급했던
남베트남 지도층

는 너무 많은 금괴가 들어 있어 운반을 위해 여러 사람이 동원되었으며, 가방이 움직일 때마다 금괴 부딪치는 소리가 귀를 울렸습니다.

대통령이 외국으로 달아나자 부통령 쩐반흐엉Trần Văn Hương이 대통령직을 승계했습니다. 하지만 쩐반흐엉 역시 정국을 수습하지 못하고 임기 일주일 만에 즈엉반민Dương Văn Minh에게 자리를 넘겨주었습니다.

최고 지도층부터 흔들리는 모습을 보이자 국회의원, 장관, 군 장성, 기업인 등 사회 지도

북베트남군이 침공하자 국민을 버리고
도망친 남베트남 대통령 응우옌반티에우

살기 위해 미국 대사관으로 몰려오는 사람들

층 인사가 앞다투어 미군 수송기에 몸을 실었습니다.

1975년 4월 27일 북베트남군은 남베트남 사람들의 국외 탈출을 막기 위해 사이공에 있던 탄손누트_{Tan Son Nhat} 국제공항을 파괴하기에 이르렀습니다. 사태가 도저히 회복 불가능한 상황으로 치닫고 공항이 폐쇄되자 미국 정부는 남베트남에 있던 모든 미국인을 철수시키기로 결정했습니다. 사상 최대의 자국민 수송 작전을 펼치기 위해 미국 정부는 베트남 인근에 있던 미 해군 군함을 총동원해 헬기로 미국인을 수송해야 했습니다.

미국 7함대 소속 항공모함을 포함해 군함 수십 척이 남베트남 앞바다에 모여들었고 헬기 100여 대가 미국인 탈출을 위해 준비되었습

니다. 미국 대사관에서 미국인 전원 철수 명령이 내려진 뒤 남베트남 각지에서 대사관으로 사람들이 몰려들었습니다. 1975년 4월 29일 오후 2시부터 미국인의 남베트남 탈출이 시작되었습니다. 미국 대사 관 옥상은 헬기 착륙장이 되어 헬기가 끊임없이 이착륙을 반복하며 미국인을 수송했습니다.

철수가 시작된 다음 날인 4월 30일 오전 7시 그레이엄 마틴Graham Martin 남베트남 주재 미국 대사는 교민을 모두 무사히 대피시킨 뒤 대 사관에 걸려 있던 성조기를 챙겨 마지막 헬기로 현장을 떠났습니다. 이로써 19세기 프랑스를 시작으로 계속되었던 외국 세력의 베트남 지배는 허무할 정도로 급작스럽게 막을 내렸습니다. 미국 대사를 태 운 헬기가 대사관을 떠나자 베트남 사람들이 몰려들어 냉장고, 책상,

미국 대사관을 빠져나가는 수송 헬기

의자 등 돈이 될 만한 것을 모조리 훔쳐갔습니다. 얼마 뒤 북베트남 군대가 수도 사이공에 들이닥쳐 대통령궁과 미국 대사관을 점령하면서 베트남 전체가 공산화되었습니다.

첫 숙청의 대상 베트콩

남베트남에 북베트남군이 몰려오자 베트콩은 일제히 거리로 뛰쳐나와 만세를 외치며 열렬히 환영했습니다. 남베트남에서 사회주의를 신봉했던 베트콩은 빈부 차이가 없고 모두가 평등한 사회에 살 수 있을 것이라는 희망을 품고 있었습니다. 하지만 현실은 그들이 꿈꾸던 이상과는 아주 딴판이었습니다.

남베트남이 함락되자 거리로 쏟아져 나온 호찌민 지지자들

  북베트남 사회주의자가 가장 먼저 숙청한 세력이 바로 베트콩이었기 때문입니다. 왜냐하면 그들이 볼 때 베트콩은 나라를 팔아먹은 매국노와 다를 바 없었기 때문입니다. 역사적으로도 남베트남은 북베트남에 비해 훨씬 풍요로웠고 문화도 발전되어 살기 좋은 곳이었습니다. 자유롭고 살기 좋은 남베트남에서도 만족하지 못한 채 총까지 들었던 베트콩은 통일이 되더라도 사회 불만 세력이 될 가능성이 많았기 때문에 제거의 우선순위였습니다. 그와 동시에 남베트남에서 언론·출판·집회·결사의 자유가 제한되었고 종교마저 금지되었습니다.

  북베트남 공산당은 베트콩에 대한 숙청과 함께 남베트남 사람에

북베트남 사회주의자에게 숙청되는 남베트남 사람들

대한 숙청에도 열을 올렸습니다. 해외로 미처 도망치지 못한 많은 남베트남의 군인, 경찰 등 공무원들은 재판도 없이 거리에서 즉결 처형을 당했습니다. 사회주의자들은 남베트남의 전직 대통령, 장관 등 고위 인사의 무덤까지 파헤쳐 시체를 불태워 버렸습니다. 또한 공산당이 적대시하는 부자와 지식인 등 자본가 계급에 속하는 부르주아 bourgeois * 세력도 숙청의 칼날을 벗어나지 못했습니다.

북베트남 공산당은 남베트남 곳곳에 '정신개조수용소'라는 집단 수용소를 만들어 사회주의 베트남에 걸림돌이 되는 사람을 제거해 나갔습니다. 정신개조수용소의 운영자들은 베트콩, 교수, 언론인, 학

---

* 노동자 계급에 대비되는 용어로서 자본가와 부유층을 말한다.

생, 불교 승려, 가톨릭 신부 등 조금이라도 사회주의에 방해가 될 수 있는 사람에게 사악한 자본주의에 오염된 정신을 순화시킨다는 명목 아래 온갖 종류의 탄압을 저질렀습니다.

수용소 운영자들은 하지 못할 일이 없었고 수용소 안에서는 모든 종류의 폭력이 합법이었습니다. 남베트남 사람은 수용소에 입소하자마자 강제로 잘린 머리카락을 물에 타서 마셔야 했습니다. 수용자들은 아침부터 저녁까지 극심한 노동에 시달려야 했지만, 음식이 부족해 극심한 영양실조에 시달렸습니다. 더구나 수용소에 의료 시설이라고는 전혀 없어 병에라도 걸리면 치료는커녕 고통을 받다가 죽어야 했습니다.

1980년대까지 운영된 150개가 넘는 강제 수용소에는 100만 명이 넘는 남베트남 사람이 수감되었으며 구타, 고문, 처형 등으로 16만 5,000명 이상이 죽었습니다. 북베트남 공산당이 저지른 만행은 이뿐만이 아니었습니다. 공산당은 낙후된 지역에 경제 개발을 한다는 명분으로 마음에 들지 않는 남베트남 사람 230만 명을 밀림이나 늪지대로 강제 이주시켰습니다. 사람이 살기에는 부적합한 곳에 보내진 남베트남 주민은 강제 노동에 시달리며 고통스러운 하루하루를 보내야 했습니다.

지상 천국을 만들어 주겠다고 선전하던 사회주의자들이 베트남을 지옥으로 만들자 수많은 사람이 자유를 찾아 베트남을 탈출하기 시작했습니다. 베트남에 살고 있던 중국인들이 제일 먼저 북베트남에서

정신개조수용소에 갇힌 남베트남 사람들

국경을 넘어 중국으로 탈출했습니다. 뒤이어 베트남 사람들도 물 위에 띄울 수 있는 배를 총동원해 탈출하기 시작했습니다. 베트남 사람들은 바람이라도 불면 뒤집어질 것만 같은 보트에 목숨을 내맡기고 자유를 찾아 떠났습니다. 이 과정에서 100만 명이 넘는 베트남 사람이 고국을 등졌고 배가 전복되어 11만 명 이상이 바다에 빠져 죽었습니다.

당시 베트남에서는 '전봇대도 걸을 수만 있으면 탈출할 것이다.'라는 말이 유행했을 정도로 사회주의 베트남은 사람이 살 만한 곳이 아

보트피플이 되어 고국을 등지는
남베트남 사람들

니었습니다. 하지만 목숨을 걸고 탈출한 베트남 '보트피플Boat People*'
을 받아 주는 나라는 거의 없었습니다. 오히려 동남아시아를 무대로
활동하던 해적이 베트남 앞바다로 몰려들어 보트피플의 재물을 빼앗
은 다음 죽이는 일이 빈번히 벌어졌습니다.

베트남의 모든 농지는 국유화되었고 농민은 집단 농장에서 일해야
했습니다. 죽도록 일한 농민에게 돌아오는 몫은 입에 풀칠하기도 부

---

* 망명하기 위해서 배를 타고 바다를 떠도는 사람.

공산화 이후 독재 정권 시절보다 더 못살게 된 베트남

족한 양의 곡식이었습니다. 농민은 농지뿐 아니라 가축, 농기구 등 가지고 있는 모든 재산을 빼앗겼습니다. 농작물도 본인이 원하는 것이 아닌 정부가 지정해 주는 것을 심어야 했습니다.

더구나 농사 경험이 전혀 없는 공산당 간부가 농업 정책을 주관하면서 시행착오를 거듭했습니다. 이 때문에 베트남의 농산물 생산량은 오히려 사회주의 이전보다 급감하여 수시로 기근이 발생해 국민은 굶주렸습니다. 남베트남 농민 입장에서 볼 때 과거에는 지주에게 수확한 곡물을 빼앗기다가 공산화 이후에는 국가에 곡물을 빼앗기는 것에 지나지 않았습니다.

농민만이 공산당의 횡포에 시달린 것은 아닙니다. 남베트남의 국영 기업은 물론 조그만 개인 기업도 모두 국유화되었습니다. 또한 공산당은 모두가 경제적으로 평등한 사회를 만든다는 이유를 들어 남베트남 부유층의 현금을 빼앗기 위해 새로운 화폐를 발행했습니다. 이후 신新화폐 대비 기존 남베트남 화폐의 가치가 500분의 1로 터무니없이 낮게 평가되면서 남베트남 사람들은 그동안 일구었던 부를 단번에 잃어야 했습니다.

베트남 전쟁의
단면들

호찌민 루트

전쟁 기간에 남베트남에서 베트콩이 활발히 활동할 수 있었던 이유 중 하나는 북베트남의 은밀한 지원이었습니다. 베트콩을 꿈꾸는 수많은 남베트남 젊은이가 게릴라가 되기 위해 국경을 넘어 북베트남으로 넘어가 현지에서 강도 높은 훈련을 받은 뒤 남쪽으로 내려왔습니다. 북베트남과 베트콩은 이른바 '호찌민 루트'를 통해 긴밀히 왕래했습니다. 베트남 정

미군을 피해 지하에 만든 호찌민 루트

글 속에 만들어진 좁은 호찌민 루트는 현지 지형에 어두운 미군으로서는 찾아내기가 거의 불가능했습니다.

호찌민 루트를 통해 북베트남과 베트콩 사이의 물자와 병력 교류가 이루어져 미군은 보급망을 차단할 수 없었습니다. 베트콩은 호찌민 루트가 미군에게 발각되는 것을 막기 위해 농민을 동원해 땅굴을 만들었는데 그 총길이가 무려 250km

미군의 눈길에서 벗어나기 위해 땅굴로 이동한 베트콩

에 이르렀습니다. 땅굴은 하나의 거대한 지하 요새로서 지하 3층으로 이루어졌으며, 지하 3층은 지하 10m 아래에 있었기 때문에 당시 미군이 보유한 어떤 폭탄으로도 파괴할 수 없었습니다.

베트콩은 물자를 비축하고 베트콩 수만 명이 거주하는 공간으로 땅굴을 활용했습니다. 베트콩 사령부도 땅굴 속에 있었고 취사장, 학교, 병원, 회의실 등 다양한 시설이 들어서면서 밖으로 나오지 않더라도 생활이 가능했습니다. 물론 미국도 호찌민 루트의 차단이 전쟁의 승패를 좌우하는 것임을 잘 알고 있었기 때문에 동원할 수 있는 모든 방법을 사용했습니다.

미국은 공중 폭격으로 땅굴을 파괴할 수 없다는 것을 알게 되자 직접 땅굴 속으로 들어가 베트콩을 제거하려고 했지만 이마저도 쉽지 않았습

몸이 큰 미국인은 들어가기 힘든 베트남 땅굴

니다. 왜냐하면 몸집 큰 미군이 들어갈 수 없도록 가로 30cm, 세로 40cm 밖에 되지 않는 좁은 진입로를 만들었기 때문입니다. 땅굴 진입로가 너무 좁아 평균 체격의 미군이 들어갈 수 없자, 미군 사령부는 할 수 없이 몸집이 작은 미군을 대상으로 지원자를 모집했습니다.

땅굴 수색 작전은 베트남 전쟁에 참여한 미군의 임무 중 가장 위험한 일이었지만 수많은 미군이 자원해 '땅굴 쥐tunnel rats'라는 특수 부대가 조직되었습니다. 베트콩은 땅굴 곳곳에 지뢰를 설치하고 함정을 파서 미군을 죽이려고 했지만 작전에 참여한 미군의 사망률은 그다지 높지 않았습니다. 땅굴로 들어간 수색대는 베트콩을 상대해 본 노련한 미군으로 구성되었기 때문에 베트콩이 파 놓은 함정에 좀처럼 말려들지 않았습니다. 하지만 땅굴이 워낙 길어 전쟁이 끝날 때까지 미군은 전체 호찌민 루트의 3

베트남 땅굴을 수색한
특수 부대 '땅굴 쥐'

분의 1정도밖에 알아내지 못했습니다.

　미군 사령부는 땅굴 수색대만으로는 도저히 호찌민 루트를 파괴할 수
없자, 이번에는 물 폭탄을 동원해 파괴하고자 했습니다. 미군은 작전명
'뽀빠이 프로젝트Project Popeye'라는 인공 강우 프로그램을 실시해 호찌민
루트에 막대한 양의 비를 쏟아부었습니다. 미 공군은 2,600여 차례 출격
해 인공 강우용 드라이아이스dry ice*4만 7,000개를 대기 중에 살포했습니
다. 하늘에 살포된 드라이아이스는 비구름이 되어 엄청난 양의 비를 내리
게 했습니다.

─────────────
* 물의 고체 상태를 얼음이라 하듯이 이산화탄소를 높은 압력, 낮은 온도의 조건을 맞춰 고체로 변화시킨 물질을 가리킨다. 고
　체에서 기체로 변화하는 승화성을 갖는다.

뽀빠이 프로젝트에
나선 미군

　1971년 남베트남의 10분의 1 이상이 물에 잠기는 사상 최악의 대홍수가 발생해 수많은 사람이 죽었지만 모든 베트콩이 제거되지는 않았습니다. 결국 '뽀빠이 프로젝트'는 베트콩에게 결정적인 타격을 입히지 못한 채 1972년 7월 종결되었습니다. 베트콩은 외세인 미국을 쫓아내기 위해 목숨마저 내놓은 사람들로서 미국이 전멸시키기 전까지는 이길 수 없는 상대였습니다.

고엽제, 에이전트 오렌지

　베트남 전쟁 기간에 베트콩은 자신들에게 불리한 전면전을 철저히 피하고 밀림 속으로 미군을 끌어들여 막대한 인명 피해를 입혔습니다. 미군은 전쟁에 방해되는 밀림을 없애기 위해 온갖 노력을 다했습니다. 맨 처음에는 중장비를 동원해 나무를 베어 냈지만 밀림이 너무 넓어 얼마 지나지 않아 포기해야 했습니다.

미군은 나무를 베는 대신 아예 태워 버리기로 결정하고 3,000℃ 넘는 열기를 발산하는 네이팜탄을 사용해 정글 곳곳을 불바다로 만들었습니다. 하지만 네이팜탄의 효과는 기대에 훨씬 미치지 못했습니다. 베트남이 워낙 습한 지역이라 나무가 습기를 잔뜩 머금고 있어 불에 잘 타지 않았기 때문입니다. 60만이 넘는 네이팜탄을 쏟아부어도 밀림을 제거할 수 없자, 미군은 최후 수단으로 '에이전트 오렌지'라는 고엽제까지 동원했습니다.

고엽제는 식물의 대사를 억제하고 말라죽게 하는 산림 파괴용 제초제로서 맹독성 화학 약품입니다. 미군은 베트남전에서 다양한 종류의 고엽제를 사용했는데, 고엽제를 담은 드럼통에다 여러 가지 색깔의 띠를 둘러 고엽제의 종류를 쉽게 구분하고자 했습니다. 고엽제를 담은 드럼통에는 화학 약품의 종류에 따라 오렌지, 화이트, 블루, 핑크, 그린, 퍼플 등 다양한 색깔의 띠가 둘러졌고, 이 중 오렌지 색깔의 띠를 두른 에이전트 오렌지가 가장 널리 사용되어 고엽제의 대명사가 되었습니다.

에이전트 오렌지가 베트콩이 숨어 있는 정글에 집중적으로 살포되어 나무가 말라 죽기 시작했습니다. 이 고엽제는 적지 않은 효과를 발휘해 아름드리나무를 죄다 말려 죽였습니다. 그 바람에 미군은 베트콩을 쉽게 찾아낼 수 있었습니다. 에이전트 오렌지

베트남 전쟁에서 사용된 고엽제 '에이전트 오렌지'

는 투명한 액체에다가 역한 냄새도 거의 나지 않아 당시 그 누구도 에이전트 오렌지의 위험성을 알아차리지 못했습니다.

에이전트 오렌지는 다이옥신이라는 물질이 포함되어 있어서 탁월한 성능을 낼 수 있었습니다. 다이옥신은 '악마의 물질'이라는 별칭이 있을 정도로 위험한 맹독성 물질입니다. 다이옥신은 대표적인 독극물인 청산가리보다 1만 배나 독성이 강하며 1g으로 사람 2만 명을 죽일 수 있을 정도로 인류가 만들어 낸 가장 강력한 독성 물질입니다.

에이전트 오렌지가 수송기를 이용해 대량으로 살포되면서 베트콩뿐 아니라, 밀림에서 작전을 벌이던 미군과 한국군 역시 다이옥신에 그대로 노출되었습니다. 체내에 흡수된 다이옥신은 분해되어 몸 밖으로 배출되지 않고 축적되어 유전자와 신경계를 손상시키며 여러 가지 질병을 일으켰습니다. 다이옥신에 심하게 노출된 사람들은 극심한 가려움증에 시달렸으며 신경이 마비되어 제대로 움직일 수조차 없었습니다. 또한 참전 군인은 일반인에 비해 월등히 높은 암 발생률을 보였으며, 다이옥신으로 인한 유전자 손상으로 후손 중 기형아가 유난히 많았습니다.

종전 뒤, 1978년 다이옥신으로 인한 각종 질병에 고통받던 참전 미군들은 정부와 제조업체를 상대로 400억 달러에 이르는 초대형 손해 배상 소송을 시작했습니다. 하지만 1984년 5월, 재판 시작을 앞두고 에이전트 오렌지 제조업체들이 잘못으로 인한 손해 배상금이 아닌 참전 용사를 위한 기금을 내는 조건으로 1억 8,000만 달러에 피해자들과 합의하면서 법원의 판단을 받을 기회가 사라졌습니다. 사실 에이전트 오렌지 제조업체가 제시한 합의금 1억 8,000만 달러는 수만 명에 이르는 참전 피해 군인

베트남 전쟁 당시 무차별 살포된 고엽제

수에 비하면 턱없이 적은 금액이지만 돈이 궁한 피해자들은 어쩔 수 없이 합의에 나서야 했습니다.

참전 미군이 에이전트 오렌지 제조업체에게서 금전 보상을 받자, 베트남 사람들도 미국 법원에 피해 보상을 요구하는 소송을 제기하기 시작했습니다. 다이옥신은 시간이 흘러도 땅에서 거의 분해되지 않기 때문에 베트남 사람들은 참전 미군에 비해 광범위하고 지속적인 피해를 입어야 했습니다. 베트남 정부 조사 결과, 300만 명이 넘는 베트남 사람이 고엽제로 인한 질병을 앓고 있으며 기형아가 50만 명 이상 태어났습니다.

하지만 베트남 고엽제 피해자들이 제기한 수많은 소송은 미국 법원에서 단 한 건도 승소하지 못한 채 끝이 났습니다. 미국 법원은 베트남 사람들이 앓고 있는 각종 질병이 고엽제 때문인지 다른 원인 때문인지 알 수 없기 때문에 에이전트 오렌지 제조업체에 책임을 물을 수 없다고 판결했습니다. 베트남 전쟁이 끝난 지 수십 년이 지난 지금도 다이옥신은 분해되지 않고 토양과 지하수에 대부분 그대로 남아 있어 베트남 사람들의 건강을 위협하고 있습니다.

전쟁 트라우마, 외상 후 스트레스

1964년부터 1973년까지 미국은 베트남 전쟁에 적극 개입하면서 현재 가치로 700조 원이 넘는 돈을 전쟁 비용으로 지출했습니다. 베트남에 투하한 폭탄 분량이 제2차 세계대전에서 사용한 폭탄의 양보다 훨씬 많은 1,400만t에 달했을 정도로 전쟁은 격렬했습니다. 전쟁의 규모가 컸던 만큼 연인원 280만 명에 달하는 미군이 베트남에 파병되어 참혹한 전쟁을 경험했습니다.

참전 미군 중 5만 8천여 명의 젊은이가 주검이 되어 고향으로 돌아왔고, 30만 명 이상의 미군이 크고 작은 부상을 당했습니다. 그런데도 베트

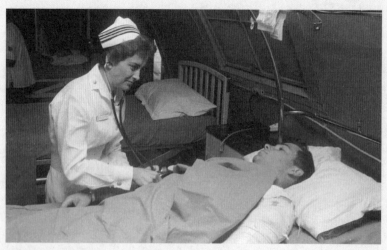

전쟁 트라우마에 시달리게 된 미군

남전 참전 미군은 제2차 세계대전 참전 군인들과 달리 미국 사람들의 경멸과 조롱의 대상이 되었습니다. 제2차 세계대전은 미국이 군사 강국 나치 독일과 일본을 물리치며 승전으로 끝을 맺었지만, 베트남전은 사실상 패전이나 다름없었기 때문입니다.

미국 국민은 막대한 전쟁 비용을 충당하기 위해 이전보다 많은 세금을 기꺼이 부담하면서 승전을 기다렸지만, 미군은 약소국 베트남에서 고전을 면하지 못하다가 도망치듯이 철수함으로써 불명예스럽게 전쟁을 끝냈습니다.

그런데 베트남전에 참전했던 용사들은 이전까지 미국이 치른 전쟁에 참전한 군인보다 훨씬 심각한 외상 후 스트레스 장애, 즉 트라우마trauma* 에 시달렸습니다. 이는 베트남전이 그 어떤 전쟁보다 격렬하고 끔찍했기 때문에 나타난 현상이었습니다.

미군은 정식 군인도 아닌 베트콩과 정글에서 전쟁을 치러야 했고 이 과정에서 너무 많은 희생자가 발생했습니다. 정글을 수색하던 중 베트콩 저격수가 쏜 총에 병사들이 죽어 갔고, 죽창을 꽂아 놓은 함정에 빠져 온몸이 찢긴 채로 극심한 고통을 당하는 동료를 바라보아야 했습니다. 참전 용사 중 3분의 1에 육박하는 미군 80만 명이 심각한 트라우마에 지속적으로 시달렸습니다.

또한 참전 군인 대부분이 수면 장애와 불안 증세를 호소하며 크고 작은 고통에 시달렸습니다. 1990년 초까지 무려 6만 명이 넘는 사람이 고통을 이겨 내지 못한 채 스스로 목숨을 끊었습니다. 이는 베트남전에서 전사한 미군보다 많은 숫자입니다. 참전 용사 중 베트콩과 근접전을 벌어

---

* 천재지변, 대형 사고, 범죄 피해 등 심한 신체적·정신적 충격을 겪은 뒤 나타나는 정신적 질병.

야 했던 육군이 공군이나 해군보다 더욱 큰 트라우마에 시달렸습니다.

미국 정부는 처음에는 참전 군인이 겪는 전쟁 트라우마에 대해 별다른 관심을 두지 않았으나, 그들 중에서 자살자가 급증하고 총기 난사 등 각종 사회 문제를 일으키는 사람이 늘어나자 비로소 대책 마련에 나섰습니다. 참전 군인의 치료와 복지를 위해 현재 가치로 최소 500조 원 이상의 돈을 지출해야 했습니다. 이는 정부 재정에 적지 않은 부담이 되어, 이후 미국 정부의 행보를 위축시켰습니다.

네이팜탄 소녀

1972년 6월 8일 베트남전이 절정으로 치닫고 있을 때 미군 사령부는 수도 사이공 인근의 작은 마을 트랑방Trang Bang이 베트콩의 손에 떨어졌다는 소식을 접하게 되었습니다. 미군 사령부는 베트콩이 점령한 트랑방 마을을 대대적으로 공중 폭격하기에 앞서 남베트남 군인에게 마을의 민간인을 철수시키라는 명령을 내렸습니다.

하지만 남베트남 군인은 민간인을 모두 철수시키지 않은 상태에서 미군에 철수가 완료되었다는 보고를 해 미군은 공군기를 동원해 폭격에 나섰습니다. 이때 선봉에 선 사람이 대위 존 플러머John Plummer입니다. 그는 폭격하기에 앞서 민간인이 모두 마을을 떠났는지 무전기로 재차 확인했는데, 이때 미군 사령부가 마을에는 베트콩만이 남아 있다고 알려 왔습니다. 하지만 마을에는 채 떠나지 못한 민간인이 다수 남아 있었습니다. 이 사실을 알 리 없었던 플러머는 망설임 없이 트랑방 마을에 네이팜탄을 투하했습니다.

고온의 화염을 내는 네이팜탄이 폭발하면서 마을 전체가 화염에 휩싸

여 당시 몇몇 아이들과 함께 탑塔
속에 숨어 있던 9살 소녀 킴 푹
Kim Phuc의 옷에 불꽃이 옮겨 붙고
야 말았습니다. 소녀는 불이 붙
은 옷을 모두 벗어던지고 맨몸으
로 울부짖으며 살기 위해 거리로
뛰쳐나갔습니다.

폭격에 나선 존 플러머

때마침 마을 취재에 나섰던 미
국 AP통신 기자 닉 우트Nick Ut는
절규하는 킴 푹의 모습을 카메라에 담았습니다. 소녀가 길에 쓰러지자 닉
우트는 병원으로 옮겨 치료를 받을 수 있도록 조치를 취했습니다. 얼굴을
제외한 전신에 3도 화상을 입은 소녀는 사경을 헤맸습니다. 닉 우트는 전
쟁의 참혹성을 알리기 위해 당시 찍은 사진을 공개하려고 했지만, 나체는
보도하지 못한다는 AP통신사의 엄격한 규정 때문에 보도할 수 없는 처
지가 되었습니다.

그러나 닉 우트는 전쟁의 참상을 알리기 위해서는 반드시 사진을 세상
에 공개해야 한다고 강력히 주장해 마침내 사진 공개가 결정되었습니다.
발가벗은 채 절규하는 소녀의 모습이 찍힌 사진은 전쟁의 참상을 알리는
상징적인 사진이 되어 세계 언론에 대서특필되었습니다. 전 세계 언론 대
부분이 대대적으로 보도하며 전쟁이 얼마나 비인간적인지를 사람들에게
일깨워 주었습니다. 사진 1장의 파급력은 엄청나 미국뿐 아니라 전 세계
곳곳에서 베트남 전쟁에 대한 반대 집회가 개최되었습니다.

당시 미군의 공습 지원 임무를 맡아 네이팜탄을 떨어뜨린 존 플러머

역시 언론을 통해 '소녀의 절규' 사진을 접하게 되었습니다. 자신이 투하한 폭탄 때문에 무고한 민간인이 타 죽은 사실과 한 소녀가 심한 화상을 입고 병원에 실려 갔다는 사실을 알게 된 이후 그는 심한 죄책감에 시달리며 큰 고통을 받았습니다. 1974년 플러머는 죄책감을 이기지 못해 군대를 떠났지만 사회에서도 제대로 적응할 수 없었습니다. 그는 직장 생활을 잘하지 못한 채 술에 빠져 살다가 결혼 생활이 파경을 맞기도 했습니다. 종전 뒤 그는 베트남에 찾아가 피해 소녀에게 사죄하려고 했지만 당시 미국과 공산 국가 베트남은 적대 국가였기 때문에 미국인이 베트남에 들어갈 수 없어 죄에 대한 용서를 구할 기회조차 없었습니다.

킴 푹 역시 힘든 삶을 살기는 마찬가지였습니다. 다행히 목숨을 건지기는 했지만 베트남의 의료 수준이 형편없어 제대로 된 화상 치료를 받지 못해 극도의 통증에 시달려야 했습니다. 더구나 베트남 공산당은 미국의 사악한 만행을 보여 주는 정치 선전 도구로 킴 푹을 적극 활용해 그녀

살기 위해 거리로 뛰쳐나온 킴 푹

는 자신을 이용하는 정부에 회
의를 느꼈습니다.

사회주의 베트남에 혐오감을
느낀 킴 푹은 1992년 여행 도
중 캐나다로 망명해 새로운 인
생을 살게 되었습니다. 캐나다
에 정착한 킴 푹은 유네스코로
부터 평화 친선 대사로 임명되
어 전 세계를 누비며 활발한 활
동을 펼쳤습니다. 자신처럼 전
쟁으로 인해 피해를 당한 어린
이를 돕고 화상 환자에게 용기

화상을 극복한 킴 푹

를 북돋워 주는 강연을 펼쳐, 그녀가 전하는 이야기는 많은 사람에게 감
동을 주었습니다. 전쟁의 처참함을 여실히 보여 준 사진 속 소녀는 이제
'평화의 상징'이 되었습니다.

1996년 미국 워싱턴 D. C.에서 열린 '재향 군인의 날' 기념식에 킴 푹
은 참전 미군의 초청을 받아 참가하게 되었습니다. 이 소식을 접한 존 플
러머는 그녀에게 사죄하기 위해 행사장으로 발걸음을 옮겼습니다. 행사가
끝난 뒤 존 플러머는 눈물을 흘리며 자신이 저지른 일에 대해 사죄했습니
다. 존 플러머의 사죄를 받은 킴 푹은 그를 안아 주며 "모든 것은 지난 일
에 불과하다."라고 말하며 그의 죄를 용서해 주었습니다. 그렇게 두 사람
은 24년 전의 악몽을 사죄와 용서로써 깨끗이 씻어 낼 수 있었습니다.

당시 킴 푹이 화상 치료를 제대로 받지 못해 후유증으로 큰 고통을 받

존 플러머를 용서한
킴 푹

고 있다는 사실이 미국 언론에 알려지자 플로리다주 마이애미에 있는 화상 치료 전문 병원은 무료로 킴 푹에게 화상 치료를 해 주었습니다. 화상 치료는 전문적인 의술을 필요로 하기 때문에 치료비가 매우 비싸서 그동안 제대로 된 치료를 받을 수 없었지만, 세계 최고 수준의 미국 화상 전문 병원에서 치료를 받은 킴 푹은 비로소 통증에서 벗어날 수 있었습니다.

호 아저씨와 베트남

1964년 미국이 베트남전을 일으키자 호찌민은 "그것은 코끼리와 호랑이의 싸움이 될 것입니다. 만일 호랑이가 가만히 서 있다면 코끼리는 호랑이를 거대한 발로 밟아 죽일 것입니다. 그러나 호랑이는 가만히 있지 않을 것입니다. 낮에는 밀림 속에 숨어 있다가 밤이 되면 나타나 코끼리를 공격할 것입니다. 코끼리 등에 뛰어올라 코끼리의 등을 찢어 놓고 밀림으로 사라지면 코끼리는 천천히 피를 흘리며 죽어 갈 것입니다."라고 말했습니다. 여기서 코끼리는 미국을, 호랑이는 베트남을 의미했습니다.

베트남 사람에게
많은 사랑을 받은
호찌민

호찌민은 자신의 단언대로 절대로 전쟁을 서두르지 않았고 최대한 미국에 타격을 주는 전략으로 큰 전과를 거두었습니다. 미국은 전투에서 단한 번도 진 적이 없었지만, 인명 피해 증가로 국민의 반전 여론에 밀려 전쟁에서 패하는 이상한 결과를 맞이했습니다. 그런데 호찌민은 전쟁의 끝을 보지 못한 채 1969년 급성 심근경색증으로 세상을 떠났습니다.

호찌민은 사회주의 사상에 심취한 사람이라기보다는 조국 베트남과 국민을 사랑한 민족주의자에 더 가까웠습니다. 호찌민은 국가 최고 지도자인 주석에 오른 뒤에도 권위주의와 사치를 멀리하고 서민적인 삶을 살려고 노력했습니다. 국민이 굶주리고 있으면 그도 금식을 했고, 서민들과 함께하는 시간을 마련하고자 노력했습니다. 누구나 그를 '호 아저씨'라고 부를 수 있었고, 과거 프랑스 총독이 살았던 호화로운 건물 대신 조그만 집에서 살았을 정도로 검소한 생활을 한 의식 있는 지도자였습니다.

호찌민은 죽기 전 유언을 통해 "성대한 장례식을 치르거나 따로 무덤을 만들지 말라."는 엄명을 내렸습니다. 세금 한 푼도, 땅 한 평도 자신을

본인의 의사에 반해 방부 처리된 호찌민의 유해

위해 낭비할 수 없다는 것이 호찌민의 생각이었습니다. 그 대신 시신을 화장해 베트남 전역에 골고루 뿌려 달라고 주문했습니다. 평생을 베트남 독립을 위해 투쟁했지만 통일된 조국을 보지 못하고 눈을 감아야 하는 아쉬움에 남긴 유언이었습니다.

호찌민은 베트남 독립을 위해 결혼마저 하지 않고 평생을 독신으로 살았기 때문에 유가족도 없었습니다. 평생을 청빈하게 살아 그가 남긴 유산이라고는 허름한 옷가지 몇 벌밖에 없었습니다.

호찌민이 세상을 떠난 뒤 권력을 잡은 공산당 지도부는 그의 유언을 들어 주지 않았습니다. 베트남 공산당은 호찌민의 시신을 정치 선전의 도구로 활용하기 위해 수십억 원을 들여 방부 처리해 수입 대리석으로 만든 묘소에 안치했습니다. 공산당 지도부는 호찌민이 꿈꾸었던 모두가 함께 잘사는 나라를 만드는 데 앞장서는 대신 그들의 이익을 극대화하는

호찌민의 뜻에 반해 만든 거대한 기념관

데만 관심이 있었습니다.

　1975년 베트남에 공산 정권이 들어선 이후 부정부패는 이전보다 더욱 극심해졌습니다. 오직 권력 유지에만 관심이 있었던 공산당 간부는 베트남 전쟁을 승리로 이끈 군사 지도자 보응우옌잡마저 통일 뒤 한직으로 내몰았습니다. 그만큼 국민의 뜻과는 거리가 먼 사람들이었습니다. 베트남이 공산화된 이후에 바뀐 것이라고는 국민을 수탈하는 계층이 자본가와 정치인에서 공산당 간부로 바뀐 것 밖에는 없었습니다. 따라서 '노동자와 농민 등 평범한 사람들의 낙원'을 만들겠다고 시작된 베트남의 사회주의 혁명은 결과적으로 실패했습니다.

세계를 통찰하는 지식과 교양 〈세계통찰〉 시리즈

미국

세계통찰 미국 ⑮

전쟁으로 일어선 미국 3
초강대국의 입지가 흔들리다
냉전, 한국 전쟁, 베트남 전쟁

2021년 6월 1일 1판 1쇄 발행

지은이	한솔교육연구모임
펴낸이	권미화
편집	한솔교육연구모임
디자인	김규림
마케팅	조민호
펴낸곳	솔과나무
출판등록	제2018-000340호
주소	서울시 마포구 독막로 266, 111-901
팩스	02-6442-8473
블로그	http://blog.naver.com/solandnamu
트위터	@solandnamu
메일	hsol0109@gmail.com

ISBN	979-11-90953-15-3 44300
	979-11-967534-0-5 (세트)